# みんなの子どものいる暮らし日記

がんばりすぎない家事と、家時間のすごし方。

SE
SHOEISHA

■お問い合わせ

本書に関するご質問、正誤表については、
下記のWebサイトをご参照ください。

正誤表
http://www.shoeisha.co.jp/book/errata/
お問い合わせ
http://www.shoeisha.co.jp/book/qa/

インターネットをご利用でない場合は、
FAXまたは郵便にて、下記までお問い合
わせください。
電話でのご質問はお受けしておりません。

〒160-0006 東京都新宿区舟町5
FAX番号 03-5362-3818
宛先
（株）翔泳社 愛読者サービスセンター

# はじめに

子どものいる暮らし。

家族が増えて、親子一緒にさまざまなことを体験する楽しさは替えがたいものです。日常の何気ないことにも新鮮な驚きや喜びを感じて、幸せな気持ちになります。

とはいえ、暮らしの面では大変なことも多くあります。それまでの暮らし方が大きく変わり、シンプルな部屋に赤ちゃん用の小物やカラフルなおもちゃが加わり、家事や自分のための時間が大きく削られたりすることに……。

家で過ごす時間や子どものことに使う時間が増える一方、自分のことに使える時間は減るばかり。時間の使い方にも工夫が必要になります。家事もより効率的に、無駄なくできるようにしなければなりません。

そんな大変なことも多い子どもとの暮らしですが、楽しみながら、自分らしく、無理や我慢をすることなく生活を送りたいですね。

この本では、子育てをしながら自分らしい暮らしを実現している、人気ブロガーさん＆インスタグラマーさん22人に、家事と家時間の過ごし方のヒントを伺いました。ワーキングママが実践する時短家事のコツ、働く父のDIYアイデア、お手伝いのルールなど、みんなのリアルな暮らしを紹介します。子どもとの毎日がもっと快適に、楽しくなる本です。

みんなの子どものいる暮らし日記

目次 CONTENTS

# 01 おさよさんさん

OSAYOSAN

自分らしく
子どもと
向き合って。

福岡県在住。著書に『おさよさんの無理なくつづく家事ぐせ』(主婦の友社)があります。整理収納や掃除などのテレビ出演、雑誌取材、市町村やイベントの依頼で家事セミナーなどを行っています。普段は8歳の男の子と5歳の女の子を育てるパート主婦。整理収納アドバイザー1級、整理収納教育士、片付け遊び指導士。

Instagram user name
「osayosan34」
https://www.instagram.com/osayosan34/

「Be yourself」
https://ameblo.jp/osayosan34/

家族構成
夫、私、長男8歳、長女5歳

住まい
築6年戸建ての3LDK

▶ 家事の工夫について

肉や魚を買ったら下味をつけて冷凍する。夕飯に使う冷凍食材は、朝に冷蔵庫のチルド室へ移動して解凍する。思いたったらサッと掃除ができるように掃除道具をあちこちに置く。2階の床掃除はロボットに頼る。買い出しリストはアナログで付箋を使って、キッチンが定位置。明日やることを書き出して寝る。香りが好きなのでお香やアロマを取り入れる。

▶ 2016年 03月 16日　家事

## すぐに畳みたくなる洗濯物

乾いた洗濯物は外から取り込んだら、階段の下に掛けて、ダイニングテーブルで畳み、各収納場所へ。

洗濯物がたくさん掛けられた光景がリビングにあると、ソファーなどにポンポン置いておくより、とにかく目立つ。気になる。「片付けちゃおう!」と思える。掛けておくとシワになりにくい状態で畳めますね。

息子には自分の洗濯物は自分で畳んで、自分で収納してもらってまーす(やらせてるともいう)。イケアの折り畳み式ボックスは2階への移動に。

▶ 2016年 03月 29日

部屋

## 子ども用の食器をまとめて

子どもがたくさん集まるときに使うプラスチック製食器は、バスケットにまとめてキッチン背面の飾り棚に収納しています。エプロンやストロー、息子が使っていた「エジソンのお箸」も。

たくさん子どもが集まったとき、ランチで使えそうなお食事グッズをまとめています。バスケットはディーン&デルーカのものです。

▶ 2014年 04月 02日

部屋

## 手作りのおままごとキッチンと絵本収納

2年前にカラーボックスを土台にして作った、おままごとキッチン！　2年経ってもうだいぶ古くなってきましたが……。取っ手などはセリアで調達。コンロにしている部分も、セリアの木製の鍋敷きなのです。

もう2年前……懐かしい。ママ友達とワイワイ連日集まって、交代で子どもを見てがんばった。愛情だけはいっぱい込めた思い出の品です。後ろには当時の子ども達みんなの手形付き。

### ▶ MINI COLUMN　毎日の時間割

| | |
|---|---|
| 5:00 | 起床 |
| 6:45 | 朝食 |
| 7:30 | 朝掃除 |
| 8:15 | 長女幼稚園へ |
| 9:00 | 出勤 |
| 16:00 | 帰宅 |
| 18:30 | 長男習い事送迎 |
| 19:00 | 夕飯 |
| 20:00 | 入浴 |
| 23:00 | 就寝 |

2016年 05月 03日

部屋

# 我が家の靴箱

上から夫、私、子どもの通勤と通園靴。よくある一般的な靴箱です。一番下、右端のボックスは息子と娘のレインコート。

子ども達の靴は、4月に2人ともサイズアウトしたので新しくしました。洋服は量や着回しを考えて私が決めますが、インナー、靴下、そして靴や長靴はお店でサイズを測ってもらって、子どもが自分で好きなデザインを選びます。一応、横からおすすめしてみましたが、おそろいでニューバランスなんて、今回も夢に終わる。

スニーカーで走り回るので親ははき心地などチェックしていますが、息子は今回キャラ物じゃなくなった！ 娘は「アンパンマン」。「ムーンスター」です。

2016年 05月 05日

家事

# 琺瑯を使うと落ち着きます

コーヒーフィルターやお茶パック、青汁などは種類別に「ジップロック」に入れて、かごにまとめてキッチンの飾り棚に置いていたのですが、かごのサイズがギリギリで、しっくりこない。

以前グリーンリーフの保存に使っていた野田琺瑯の「レクタングル深型LL」にまとめて、ふたをして飾り棚に置いてみる。なんか落ち着く、こうすることに(笑)。かごも好きだけど、琺瑯はもっと好き。贅沢な使い方ですね。

後ろは料理で使った琺瑯バットに水筒をまとめて置いて乾燥中。飾り棚の小物類も、出しっぱなしの水筒も、トレーにまとめるとすっきり。

2016年 06月 08日

子ども

## 楽しく続けられるアルバム作り

写真は、以前はプリントしてファイリングしていましたが、唯一負担なく続けていたフォトブックだけで完了することにしました。全てのデータは外付けの専用HDと、ネットのクラウドサービスで二重に保存しています。

　毎月毎月、きちんとプリントしてアルバムを作る細やかさがなくて。毎回すごい枚数をプリントして、白目になることの繰り返し。

　フォトブックは「しまうまプリント」。100ページ超えの枚数でも価格が安くて、印刷・紙質ともに我が家は問題ないので。フォトブックはA5サイズです。

　アルバムの後ろには子どもの工作、絵などのページを作っています。大量にある、2人それぞれの今年度の作品ベスト10コーナーです♪

2016年 07月 07日

子ども

## 七夕のお願いごとは……

息子は「あしがはやくなりますように」。

娘は「こねこちゃんにあえますように」。

スイカはひいおばあちゃん作。

▶ 2016年 08月 11日

子ども

## 夏の外遊びに便利です

長い時間の公園遊びに便利なテント。

今日はプールですが、お友達とそのお姉ちゃんと一緒で、楽しそうな子ども達。

娘の麦わら帽子はサイズアウトして、この夏に西松屋で買いました。レースのリボンでしたが、取り外して私の麦わら帽子とおそろい風に、黒いリボンに替えてみる。

▶ 2016年 12月 29日

子ども

## 息子のお誕生日

1

2

今日は息子の7歳のお誕生日。お花屋さんで、息子に好きなお花を選んでもらいました。黄色とオレンジのガーベラでした。

誕生日のメニューは、リクエストの

- ハンバーグ
- タコの酢の物
- イチゴのショートケーキ
- かぼちゃのポタージュ
- ポテトサラダ
- グラタン
- サーモンのカルパッチョ

です1。

リクエストもしてくれていたし、またケーキを作りました2。

風邪をひいていた娘は、熱も下がって食欲が復活して元気いっぱい。ひと安心。娘には誕生日メニューのほかに野菜おじやもスタンバイ。

2017年 04月 05日

家事

## 決心の春休みでした

お風呂掃除に花の水やり（妹と一緒に）、掃除機かけ、フローリングワイパーかけ。春休み、息子は自分の目覚まし時計で朝6時に起きて、もりもりお手伝いをがんばってくれていました。

寝る前の絵本も自分で声に出して読んで、妹にも読んで……。（笑）。妹の髪まで乾かして……。「いーよ、いーよ、そんなにやってくれなくても」と私は思いますが、パパは「やらせていいの」と言っているし、とりあえずそばに付いて見守りつつ。そんな春休みでした。

正直なところ、私は寂しかったです。そう思ったらだめとは思いつつ。抱きしめたいけど、「ママ、僕はもうママとそんなことしない」とスパッと言われて。がんばってるから、まだ無理だと思っていたことも興味あるならどんどん教えていこう！と思っています。

私も息子の成長に追いついていこう、ついていかねば、と決心した春休みだったなと思います。

2017年 07月 04日

子ども

## 台風の日の……

出演したテレビ番組の放送日が決まらなかったので、前日にお知らせしようと思って……思っていたのに。

台風が来ていて、家のことをやったり、子ども達は休校・休園になったりしているうちに、「もう始まったー」と携帯握りしめたり、また全然愛嬌のない無表情な自分に「だめだろー」となったりしていました。

2017年 09月 27日

子ども

## 育児と仕事・家事の両立

最近子どもと離れている時間が長いこともあり、「子どもがかわいそう……」と、つい気持ちが爆発して泣く……ということがあります。

パパからは「泣くくらいなら、やめたほうがいい。愚痴るくらいなら、やらないほうがいい」と言われました。パパの言うことはいつもその通り。

でも、私よりずっと忙しく働きながら2人の子育てをしている友達から、「かわいそうとは思わないかな。子どもと一緒にがんばってると思っていいよ。子どもはちゃんとわかってくれてる」と言われて、なんだか全て考え方が間違ってたんだなと、気持ちがスーッと落ち着いています。

延長保育も利用しますが、遠方に行くときは、じいじ、ばあばにお願いするので、子ども達はワクワクお泊りの準備して、あっさり離れていきます。子どものほうがちゃんとわかってて、私のほうが気持ちの整理というか、子離れみたいなのが追いついていなかっただけだな、と思いますが。

2017年 09月 30日

部屋

## 子どもが自分で準備できるように

よく使う食器はまとめて収納しています。右のボックスに入っている子どものお食事セットは、カトラリーや、コップ、ふりかけなどをまとめています。食べるときは、子ども達に自分で準備してもらいます。

今日は娘を小児科に連れていったらすごく人が多くて、待ち時間に私も何かもらってしまったような、嫌な予感。皆さんも気を付けて下さいね。幸い娘は元気いっぱいです。お薬飲んで早く寝ます!

### MINI COLUMN 自分時間の過ごし方

休日、最近は取材や打合せで終わってしまうことが多いですが、好きな音楽や映画やドラマをゆっくり観たり、ブックカフェに本を読みに出かけます。子どもが小さいときは2カ月に1回ほど、寝かしつけをしたら夫に話して、深夜のスタバに本を読みに出かけていました。平日は寝る前に読みたい本が何冊か決まっています。

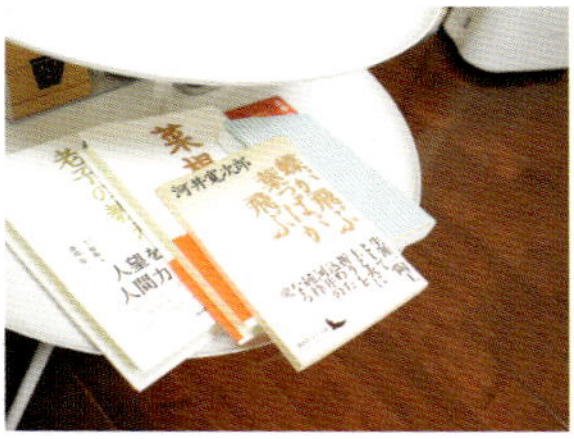

寝る前に読みたい本。

2017年 11月 01日

部屋

# 100円だけどあなどれないアイテム

イスなどに貼っていたフェルトタイプの傷防止シールをやめて、ダイソーの「すべる傷防止シール」にしました。まだまだシール交換しなくても大丈夫そうです。4カ月くらい経ちます。ホコリがからんだり、汚れたりもしてない。

EVA素材だからフェルトみたいにペタンコになりにくいし、表面の加工もよくて、スイスイすべります。色んな形が売られてますが、ストッケの定番の子どもイスには長方形タイプが横幅ピッタリでした。長さはカットできます。

このイス、丈夫なだけに重いので、子どもが動かすときも、スイ〜と動かせてます。100円だけどおすすめです。

2017年 11月 08日

子ども

# 息子が作ってくれました

息子は、材料を準備してあげると好物のカレーを自分で作れるようになりました。

今日は長男の学校の発表会だったので、観にいって、そこで上級生の作った赤米を買いました。帰ってから福岡のテレビ番組の打合せをして、それから息子の自転車に乗る練習に少し付き合っていたら、「カレー作ってあげよっか」と言ってカレーを作ってくれました。

これは助かります。またよろしくお願いします。

# 02 きなこさん

KINAKO

## 家族の暮らしのひとコマを毎日撮り続けて。

30代の主婦です。家族みんなが無理なく、居心地よく過ごせる家庭作りを心掛けています。写真を撮ることが好きで、家族の暮らしのひとコマを毎日撮り続けています。何気ない瞬間が美しく見えたり、「まったくも〜！」と思う瞬間に肩の力を抜けるのも写真の魅力。親子でお菓子作りや工作をするのも大好き。忙しかったりしんどかったりするときこそ「楽しみ」を見付けて暮らしていきたいと思っています。

Instagram user name
「kinako_710」
https://www.instagram.com/kinako_710/

**家族構成**
夫、自分、長男2歳

**住まい**
2LDKのマンション。築35年のマンションを購入し、自分達の好みや生活スタイルに合わせてリノベーションしました。

**家事の工夫について**
無理なくできる人ができることをやるようにしています。料理をするためにキッチンに立ったら、そのついでにキッチンの掃除をするなど「ついで掃除」も多いです。息子も最近では「これとこれ、お片付けお願いしまーす！」と言うと、それぞれ決まった場所にポイポイッと入れられるように。「できたー！　じょーずー！」と得意気です。

2017年 07月 06日　子ども

### 夏の朝

ひと晩中ごろんごろんとあっち行ったりこっち行ったり。寝言を言ったり泣いたりおっぱい飲んだり、夜も忙しい僕。
朝にはとーちゃんの隣にぴたっとくっついて寝てる姿が愛おしい。
夏はリビングで寝る我が家。涼しくて、明るいので朝の目覚めがとてもいい。

2016年 07月 11日

子ども

## 大活躍の「ジップロック」

朝一でプールに行こうと準備していたら定休日でした。うっかり。

お出かけのとき、おむつも着替えも食事エプロンも虫除けスプレーも「ジップロック」のフリーザーバッグに入れています。水遊びをして濡れたものも、また「ジップロック」へ。空気を抜くとコンパクトになるので、カバンの中でかさばらず便利。

おせんべいやビスケットなどのおやつは、割れないようにコンテナーに入れて。

2016年 07月 23日

子ども

## お祭りを楽しんで

今日は地域のお祭りへ。

去年は抱っこですやすや眠っていたこのお祭りも、今年はヨーヨー釣りやスーパーボールすくいをしたり、色んなお祭りグルメを楽しんだりできるように。

でも、やっぱりピカピカ光るおもちゃやスーパーボールよりも、石拾いに夢中になる僕でした。

## 最近の息子のブーム

カメラを向けると、くしゃーって笑うのが最近のブーム。

1歳のお誕生日に作った、産まれたときの身長と同じサイズの「1」クッション。こんなに小さかったなんて。にょきにょきと大きくなったね。

### MINI COLUMN 毎日の時間割

| | |
|---|---|
| 6:00 | 起床、家事、メールチェックやパソコン作業 |
| 7:00 | 息子と夫が起床 |
| 7:30 | 朝食 |
| 8:00 | 夫出勤<br>昼ごはんと晩ごはんの下ごしらえ |
| 9:00 | お出かけorおうちあそび<br>(合間に家事をしたりすることも) |
| 12:00 | 昼食 |
| 13:00 | お出かけorおうちあそびorお昼寝 |
| 17:00 | お風呂・夕食(先に食べたり夫の帰宅を待ってから一緒に食べたり) |
| 20:00 | 夫帰宅 |
| 21:00 | 息子就寝(夫婦で一日お疲れ様のお茶タイム。録画のテレビを見たり趣味の時間を過ごしたりします) |
| 23:00 | 就寝 |

その日の予定や天候、息子の気分などによって1日の流れは変化します。あまりスケジュール通りにしようと考えすぎずに、臨機応変に過ごしています。

2017年 07月 29日

子ども

## 息子の「ことば」コレクション

いつも記録している僕の「ことば」。1歳のうちに出てきた、今しか聞けないかわいい言葉達を1冊にまとめてみました。

1歳過ぎのときに「どーじょ」から始まった、僕の言葉の世界はじわじわと毎日広がって、僕とかーちゃん達のつながりをますます豊かにしてくれてる。

2017年 08月 18日

子ども

## 24カ月の記録

息子が生まれた日から毎日撮っている写真達。

これは毎月「しまうまプリント」で作っているフォトブック。僕を初めて抱きしめたあの日から、24カ月が経ったのね。かーちゃんととーちゃんの色んな想いがぎゅぎゅっと詰まった日記のような手紙のような24冊。

写真も文章も、見返しているとその頃感じたうれしい気持ちや不安な気持ち、色んな感情が思い起こされて、ほわんとあったかい気持ちになります。

2017年 09月 04日

子ども

## 息子の「あいうえお」

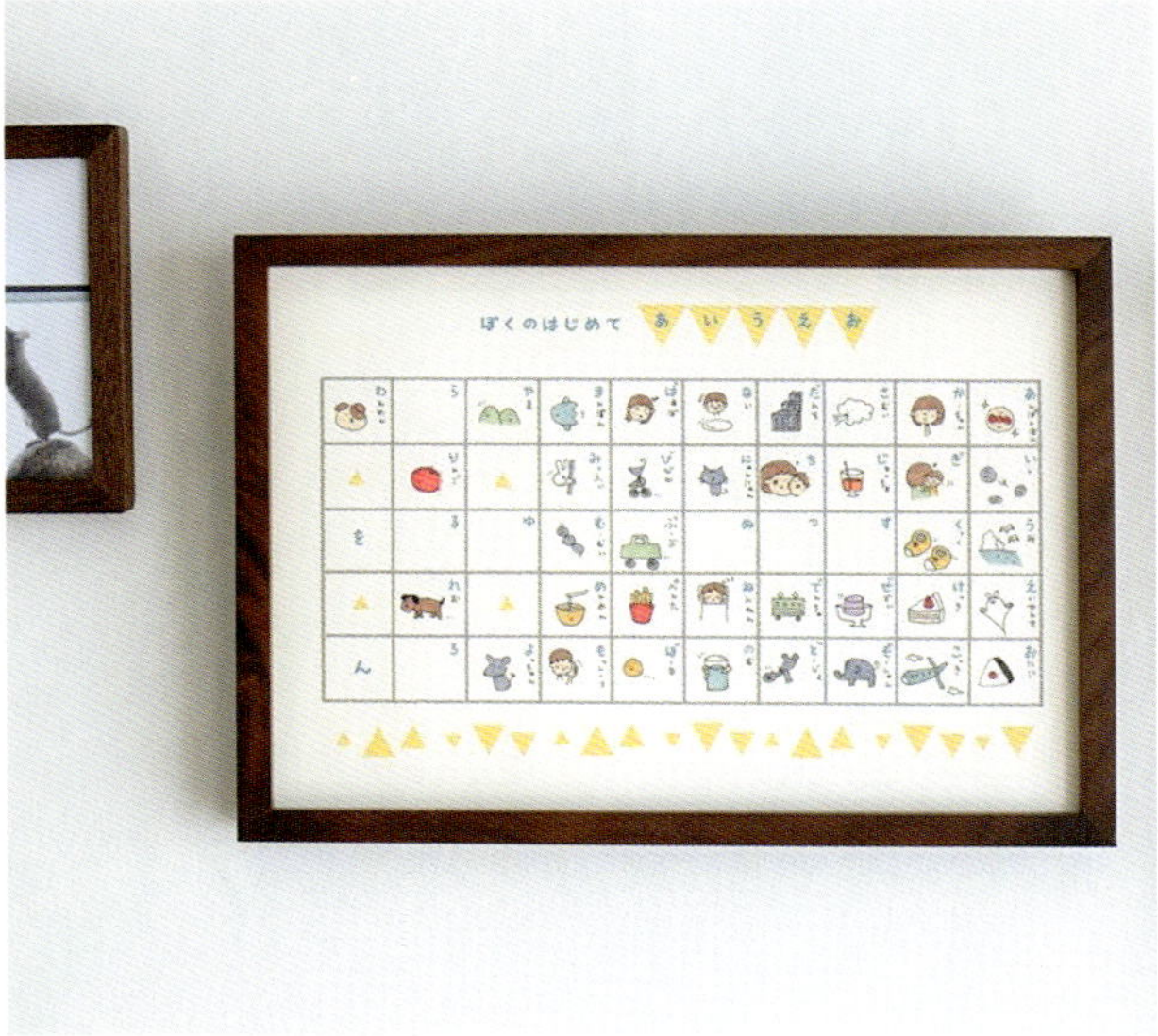


僕の初めての「あいうえお」。

息子が初めて発した50音で、記念のあいうえお表を作ってみました。

こうしてまとめてみると、あ行・か行の言葉はよく出てきていて（ここに書いたもの以外にも色々）、ら行とうの段はまだまだ少なくて、濁音が得意。

子どもの言葉の発達、面白いなぁ。空欄はこれからどんな言葉でうまっていくのかな。

2017年 09月 13日

子ども

## お気に入りの絵本で遊ぶ

きんぎょが逃げた。どこに逃げた。

親子でお気に入りの絵本『きんぎょがにげた』のきんぎょをたくさん作って、おうちの中にぺたぺた。きんぎょ探し遊びをしたよ。

「さなか（魚）ー!! あったー♡」と大喜びしながら楽しんでくれました。

2017年 09月 22日

部屋

## おもちゃ収納は片付けやすく

我が家のおもちゃ収納について。なんてことはない収納ですが、大雑把な私でも片付けやすく、最近は息子も少しずつお片付け遊びができるようにしています。「これとこれ、お片付けしてきてくださーい！ お願いしまーす！」と指令を出すと、うれしそうに任務をこなしてきてくれます。でもまたポイポイポーイ♪ 入れては出して、入れては出してが楽しいお年頃。

2017年 10月 19日

子ども

## 息子の遊び

「ながーい！ ふぅちゃん、しゅごーい！」僕1人でこんなに大きなレイアウトが作れるようになったよ。毎日すごい集中力で、黙々とレールをつなげる作業に勤しんでいます。

### MINI COLUMN 子どもが生まれて変わったこと

息子が生まれてから、以前よりも季節の行事を多く取り入れて楽しむようになりました。特に日本の伝統行事に興味を持つようになったのですが、今まで知らなかった日本の行事が実はたくさん存在し、その多くが家族の健康や幸せを願った、家族への愛情表現であることを知りました。

何より子どもと一緒に過ごす行事はとても楽しく、家族のつながりや温かさをあらためて感じられる幸せな機会だなと思います。

毎年必ず繰り返される行事を大切にしていくことで、息子にとっても私達親にとっても温かく幸せな思い出が重なっていき、家族の絆を深めてくれるのではないかと思います。

2017年 10月 31日

子ども

## とーちゃんと息子

ねむねむ～なところをお風呂に入れられ、珍しくとーちゃんの腕の中ですやすやな僕。にやにやなとーちゃん。

ここ数カ月、とーちゃんは「とーちゃん」と呼んでもらえず、抱っこしようとしても「いや!! こわい!! かーちゃんあっこ（抱っこ）!!」と泣かれ拒否される日々。

それでもとーちゃんは変わらず僕にメロメロ。「かわいいな～かわいいな～」と毎晩眠っている僕の頭をなでては手を払われ、しょんぼりしょんぼり。大丈夫、とーちゃんの愛はちゃんと僕に伝わってるよ。

2017年 11月 04日

子ども

## 落ち葉で遊んだよ

色んなお顔。

公園で拾った落ち葉でコラージュ遊びをしたよ。準備した顔パーツをあれこれ組み合わせて福笑いみたい。

葉っぱが楽しいお顔にへんしーん♪ 最後にぺたぺた貼り付けて作品に。

2017年 11月 21日

子ども

## いつのまにか……

お出かけから帰ってきて、ちょっと目を離してる間にイスに座ったまま寝ちゃった僕。

最近は外で私とくっついていなくてもパワフルに動き回れるようになり（急発進するのでヒヤヒヤもする）、疲れて急に切れちゃうスイッチ。

頭も体もフル回転で毎日過ごしてるんだろうなぁ。今日も一日がんばって満足そうな寝顔がまた愛おしい。

2017年 11月 23日

子ども

## 笑顔がたくさんの七五三

自分達で写真を撮るだけのささやかな七五三をしました。僕の成長をいつも楽しみにしてくれている母や祖母を笑顔に元気にするべく、実家と、私が大好きな駅で撮影。

小さい頃から私に着物を着せるのを何より楽しみにしていた祖母に、家族3人の着付けをお願いしました。

祖母や母やみんなの笑顔がたくさん見られた幸せな一日に。これからもみんなの笑顔と健康がずっとずっと守られますように。

着物を嫌がるかなー？と思われていた僕は、かーちゃんとーちゃんとおそろいなこと、最近ハマっている朝ドラの「おてんちゃん」が大好きなことで、「てんてんちゃん、いっしょー♩」と着物も草履もノリノリで着こなしてくれました。

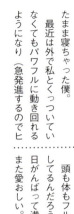

# 03

## 中山あいこさん

AIKO NAKAYAMA

# 毎日の家事をラクに楽しんで、心地よく。

東京都在住。36歳。息子は12歳、娘は2歳。livedoor公式ブロガー。ライフオーガナイザー®。「ずっと心地のよい暮らし」をテーマに活動しています。モットーは、家事も子育ても仕事も“楽しむこと”。子どもと暮らす部屋は、子どもが自分で「出す・しまう」をしやすいように収納の仕組みを工夫しています。

「生活のメモ」
http://seikatsunomemo.com/

家族構成
自分36歳、長男12歳、長女2歳

住まい
2LDKのマンション

家事の工夫について
ずぼらで飽きっぽい性格なので、面倒なことは続きません。だから、毎日の家事をラクに楽しんでやりたいと思っています。自分なりのほんの少しの工夫によって、毎日のルーティンワークが新鮮に感じられたり、わくわく楽しい気持ちが生まれたりします。好きになれない家事は無理にがんばらず、思いっきり家電に頼っています。例えば食洗機を使ったり、アイロンがけも苦手なので、アイロンをかけなくていいような衣類をなるべく選んだりしています。

2016年 01月 16日

部屋

## おむつの収納

私は去年の7月に第2子（長女）を出産しました。ありがたいことに、50〜70サイズのベビー服とおもちゃ・布おむつはプレゼントやおさがりを沢山いただいたので、私が新しく購入したものは少ないです。

一日に何度も交換するおむつはかごに入れて、出しっぱなしにしています。布おむつ用のおむつカバーは60〜70サイズの頃に何種類か試し、今はウール素材のものを気に入って使っています。

ウールは防水性が高く、夏は蒸れにくくて冬は暖かいため、オールシーズン使えます。においや汚れが付きにくいのもよいところ。洗うと少し縮むので、普段よりワンサイズ上がちょうどいいように思います。

娘のおもちゃや絵本もかごに収納しています。

2016年 01月 27日

子ども

## 産前からの愛用品

「シルクふぁみりぃ」の腹巻を産前〜現在までほぼ毎日愛用しています。寒いこの時期に授乳をするときも、お腹が出ないので冷えません。

妊娠中に産院でさらしの腹帯をすすめられて、一時期は腹帯を使っていました。腹帯は母体を冷えから守るだけでなく、大きなお腹を支える効果もあるのだそうです。けれど、私の場合は腹巻のほうが着け心地が好みで、装着のしやすさも相まってまもなく腹巻に戻りました。さらしの腹帯は、今は抱っこひもとして使っています。

産後は、特に赤ちゃんのことで頭がいっぱいになって、自分のことはついおろそかにしてしまいがちだけれど、母親である自分の身体もちゃんと大切にして快適に過ごし、子どものためにも健康で笑顔でいたいなと思います。

2016年 07月 04日

家事

## みんなで掃除

日曜日の朝、和室とリビングの間のふすまを外しました。間仕切りがないと、いつもより部屋が広くなったように感じます。

空気が流れやすくなり、風が心地よく通るので、夏の間しばらくは、ふすまを押し入れの中で保管して、この状態で過ごしてみようと思います。

子ども達と一緒にフローリングの水拭きをして、それから畳の乾拭きもして家中ピカピカになりました。もうすぐ1歳になる娘もはりきってゴシゴシしてくれました。私や息子の真似っこが大好きです。

家族みんなで協力しながら家をきれいに保って、みんなで気持ちよく暮らしたいなと思います。

### MINI COLUMN 毎日の時間割

| | |
|---|---|
| 4:45 | 起床、朝の自分時間 |
| 5:00過ぎ | 朝の家事開始 |
| 6:30 | 子どもと朝ごはん、後片付け、出かける準備 |
| 8:00 | 息子は小学校へ、私は娘を保育園に連れていく、仕事をする |
| 19:00前後 | 保育園に娘を迎えに行って帰宅、洗濯物を取り込む |
| 19:20 | 夕ごはん、お風呂、歯みがき、子どもとだんらん |
| 21:00〜21:30 | 子ども就寝、夕ごはんの片付けと朝ごはんの準備を少し、洗濯物を畳む、その後は自分の時間 |

2016年 11月 06日

部屋

## 子どもが片付けやすい収納

1

2

娘が歩き始めてから、保育園グッズを廊下に吊るしています。

何でも自分でやりたい娘。身長に合わせて低い位置に設置しました1。無印良品の「壁に付けられる家具」は数本の細い画鋲だけで固定しているのに、全体の耐荷重が5kgもあるそうです。賃貸マンションでも気軽に付けられて、子どもの身長が伸びたらもっと高い位置に移動することもできるから便利だなあと思います。

前後に動くフックをどうやって引き出すのか、小さな娘には最初は難しいようでしたが、ハート型のシールを貼ったらうまくできるようになりました2。ハートの印を押すとフックがピョコンと飛び出すのが楽しいみたいで、よくここを押して遊んでいます。

息子の部屋でもドアのすぐ横にこれと同じ3連フックを設置したら、上着や帽子を床にポイと置くことが減りました。吊るす収納は開けたり閉めたりする必要がなく、「掛ける」というワンアクションですぐにかんたんにできるからとても便利だけど、「見た目がごちゃごちゃしやすい」「ホコリがつきやすい」というデメリットもあります。それなので、吊るすスペースは使う頻度の高いものの指定席にしたいと思っています。

2016年 11月 16日

部屋

## 手作りのクリスマスツリー

クリスマスに向けてツリーを飾りました。オーナメントを少しずつ製作しています。

ツリーは緑色のトイクロス(面ファスナーがくっつく布)を三角形にチョキチョキ切って、壁紙用の両面テープを使って和室の壁に貼り付けました。

飾るときもしまうときも省スペース。でも存在感はけっこうあって、オーナメントを飾ったらツリーらしくなりました。

クリスマスの準備って、どうしてこんなにワクワクするんだろう。オーナメントは子どもと一緒に古い服や余ったフェルトなど、家にあるものを集めて「どんな飾りができるかな」と考えながら作っています。

裏側には面ファスナーを縫い付けました。娘はトイクロスにくっつけたりはがしたりが楽しいみたいで、何回も遊んでいます。気に入ってもらえてれしいな。クリスマスまであと1カ月、色んなくっつくオーナメントをたくさん作ってみようと思います。

2016年 12月 27日

部屋

## クリスマスツリーを収納

和室に飾ったクリスマスツリー（写真は2017年のものです）。ツリーの布地は緑色のトイクロスです（P・26参照）。家にあるものを使って作ったので、見覚えのある、愛着のある布地の模様を指差して、「にいにの！」「かーたんの！」と言ったり、はがしたりくっつけたり、子ども達はこの1カ月間、たくさん遊んでくれました。

クリスマスが終わって今日折り畳んでみたら、こんなにコンパクトになりました。大切にしまっておいて来年もまた飾りたいなと思っています。毎年少しずつオーナメントを増やしていくのがすごく楽しみです。

2017年 01月 14日

子ども

## 子どもの文房具

ペンケースは小学校入学時に私がプレゼントしたもので、
- 学校の指定基準を満たすもの
- 高学年になっても使いやすいデザイン
- 壊れにくい構造・素材
- 息子が好きな色

の4つのポイントを考慮して選びました。

破れたり壊れたりしたことは一度もなく、5年生になった今でも使い続けてくれていて、すごくうれしく思っています。

鉛筆はユニのものを何度もリピート買いをしています。無料の名入れサービスのおかげで記名する手間が省け、とても助かっています。

リラのペンシルホルダーは取り付けやすく、持ちやすくて息子のお気に入りです。鉛筆が短くなっても、これを用いて最後まで無駄なく使いきってくれます。

自分の道具に愛着を持って、これからも大切に使ってくれたらいいなと思います。

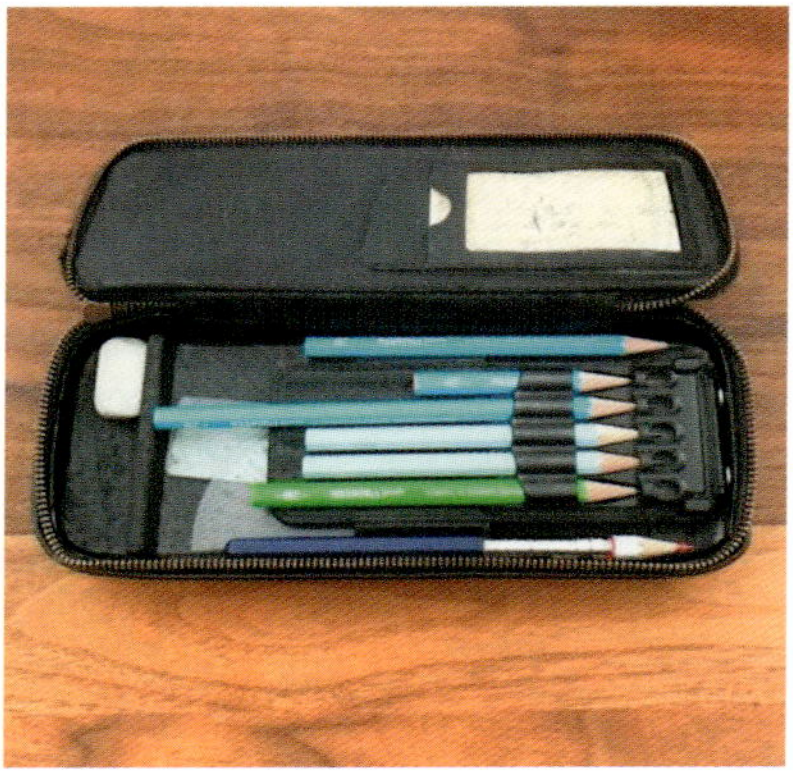

2017年 03月 31日　子ども

## 娘のお絵かきボード

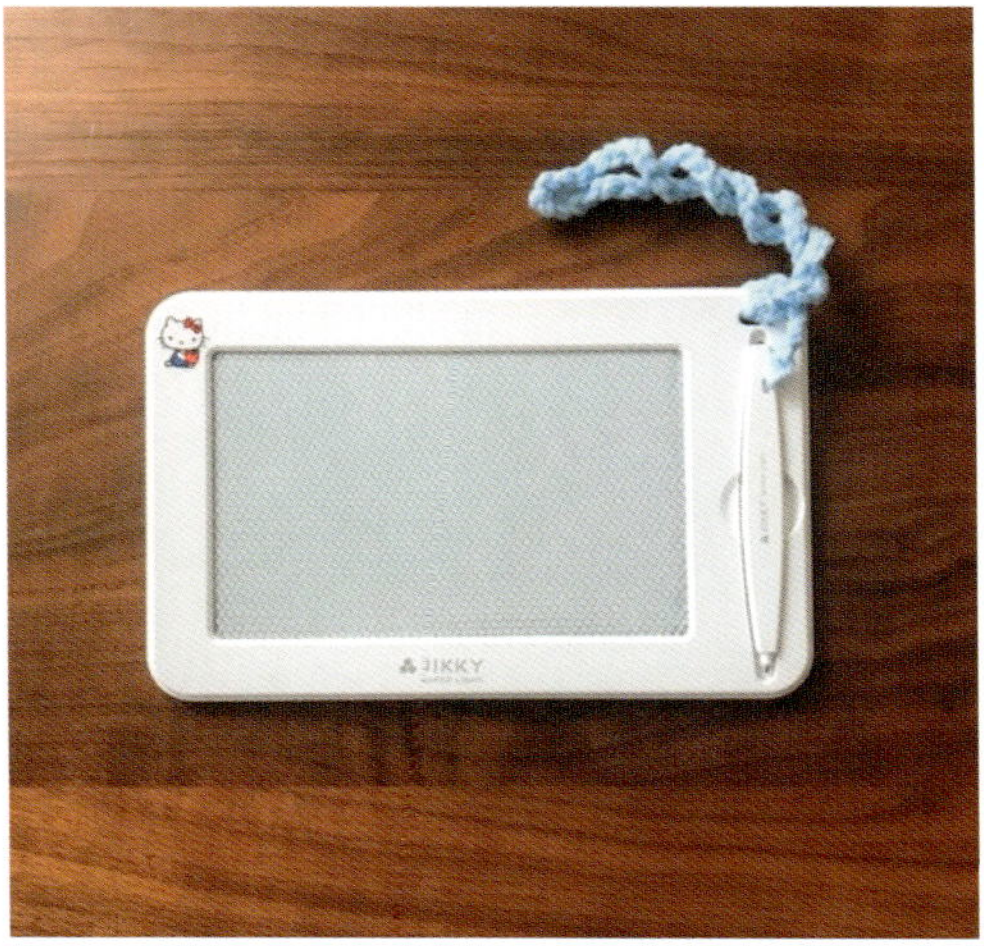


1歳8カ月の娘はお絵かきが大好きです。クレヨン・鉛筆・ボールペンなど、日々色んな画材を使って描いて楽しんでいます。

お絵かきボード（パイロットの磁気ボード「ジッキースーパーライト」）もお気に入りで、何度も何度も描いたり消したり。薄くてコンパクトなので絵本と同じように本棚に立てて収納しています。

娘が遊びたいときは自分で出して、1人で黙々と絵を描いた後に「できた〜！」「みて〜！」と言って見せてくれます。

とても軽いので、小さな娘でもかんたんに持ち運びできます。コンパクトで軽量なうえにシンプルな作りで、壊れにくいのでお出かけにもよく持っていきます。

2017年 04月 16日　子ども

## 算数の学習ドリル

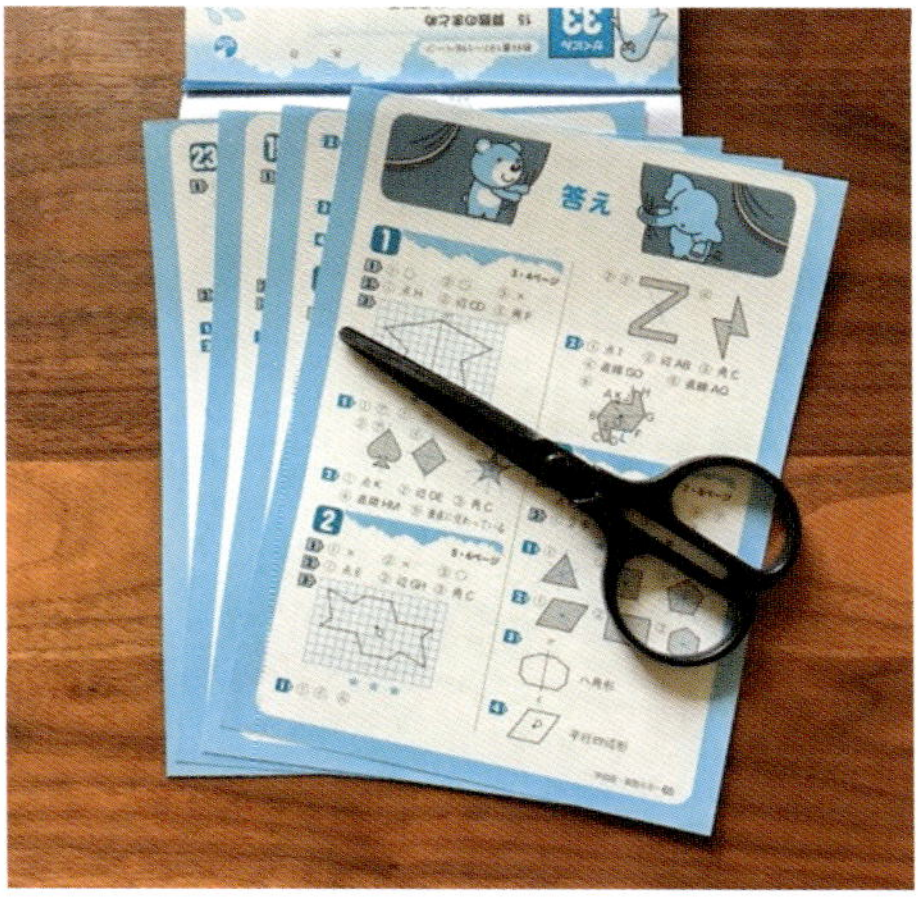


息子の小学校では、算数のドリルがありません。それなので、自宅学習用に文理の「教科書ドリル」を購入。昨年度もこのシリーズを1年間使って、①教科書に合わせて選べる、②1ページ10分でできる、③難易度が高すぎないという3点がいいなぁと思って、今年度も購入しました。

くり返し使えるように、ドリルに直接書き込まないでノートや裏紙などに書いています。自分のレベルに合っていて、冊子が分厚すぎないほうが息子にとってあまり負担にならないようです。

答えの部分は丸付けするときに見やすいよう、ハサミで切り取りました。丸付けは息子が自分でやったり、私が手伝うこともよくあります。

2017年 05月 05日

子ども

## こいのぼりも手作り

今日はこどもの日。赤と青のトイクロス（面ファスナーがくっつく布）を鯉の形に切って、こいのぼりを作りました。切りっぱなしでもほつれにくいので、布端の処理はしていません。クリスマスのオーナメントをこいのぼりにペタペタくっつけたらできあがり。

子ども達と一緒にこいのぼりの歌をくり返し何回も歌いました。生まれてくれてありがとう。これからもずっと毎日元気で、仲よしで、のんびりゆっくり成長してくれたらいいな。

2017年 05月 13日

家事

## 娘の髪飾り

娘の髪の毛が伸びて結べる長さになったので、くるみボタンの髪飾りを作りました。娘が去年着ていたベビー服や手作りストールの切れ端など、家にあったものを使いました。

かんたんなのでどんどん作れます。小さな端切れでも再利用できるからうれしいな。赤いりんごの刺繍はスタイとおそろいです。同じボタンが2つ並ぶと、ちょうちょみたいでかわいいな。

ハンドメイドの作業はいつもすごくワクワクします。子ども達のことを考えながら、気に入ってくれるかなあ？　喜んでくれるといいなあ！　とひとつひとつ心を込めて。ちょっとした時間を見付けてまた何か作りたいな。

2017年 07月 12日　家事

## 手ぬぐいで子ども服を作りました

かわいい模様の手ぬぐいを見付けたので、娘用の洋服を作ってみました。型紙なしでチョキチョキ切って、ミシンでカタカタ、端を縫って完成。とってもかんたんなので、ズボンだけなら30分で完成。上下セットでも1時間で完成できました。娘の身長は85㎝ぐらいです。

左の写真のものは、「濱文様」と「星燈社」の手ぬぐいを1枚ずつ使いました。右のものは1枚で完成。うれしくて楽しくて、どんどん作りたくなります。

手ぬぐいの生地は涼しそう。

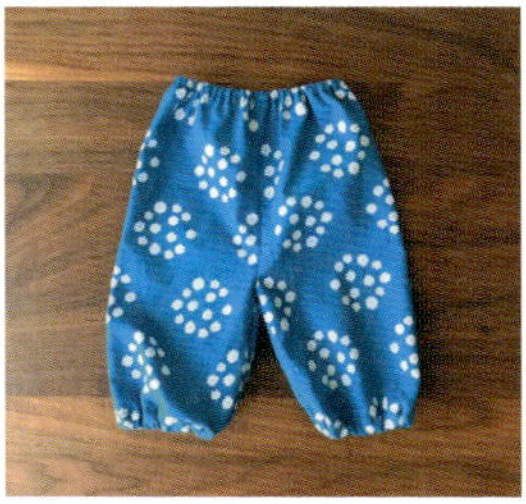

洗濯してもあっという間に乾いてくれました。残りの小さな端切れを縫い合わせて、おまけのコサージュも作りました。娘の髪飾りにしようかな。カバンに付けてもいいな。

2017年 09月 19日　部屋

## おもちゃ収納を見直し

和室の押し入れの端っこにある、おもちゃの収納方法を少し変えました。

今まで娘のおもちゃはひとつのかごにまとめていたけれど、量が増えてきたので4つのボックスに分類。カインズで見付けた白いボックスが我が家の棚にちょうどいいサイズで、前側にはプラカードを貼りました。

ダイソーで購入したB7サイズの硬質カードケースをボックスの前側に両面テープで貼り付けて、おもちゃの写真を入れたら完成です。

カードケースを準備するのは最初だけで、今後ボックスの中身を違うものに変えるときは写真だけ差し替えればオッケーです。写真の左上に印字したラベルシールも貼りました。写真のプラカードは小さな子どもにもわかりやすいようです。「ここにしまう～！」と娘はうれしそうに自慢げに、はりきって片付けてくれます。

▶ 2017年 11月 13日

子ども

## 息子の洋服を買い替え

週末、息子の洋服を2着買いました。外で遊んでいるうちに穴だらけになってしまったグレーのパーカーと、今年はサイズアウト気味の青いダウンジャケット。

この2着を手放す代わりに、新しいものを購入したいなと考えてお店をいくつか一緒に見て回りました。

そして息子が選んだのは……結局またグレーのパーカーと青いダウンジャケットでした。それぞれ、前よりひとつ上のサイズを購入。パーカーは無印良品、ダウンはモンベルです。着心地がよくて色も気に入っているから、やっぱりコレがいい!! のだそうです。自分が選んだ好きな服をまたうれしい気持ちで着てもらえたらいいな。

▶ 2017年 12月 26日

子ども

## サプライズプレゼント

昨日、クリスマスの日に私に届いたプレゼント。ペン、メモ帳、消しゴム。

「これお母さんにあげる」と息子が突然満面の笑みで紙袋を手渡してくれて。びっくりして感激して泣きそうになりました。

お手伝いをして（1回5円〜）こつこつ貯めたおこづかいを私のために使ってくれるなんて。しかも内緒でこっそり買ってきてくれるなんて。

「このペンもね、お母さんの赤ペンみたいにゴムでこすると消えるんだよ。キャップにゴムが付いていて、お店で試してみたんだけどね、ちゃんと消えたよ。お母さん、黒は持ってないからこれがいいかなあと思って」と言っていました。うれしいなあ。

私が普段使っている赤い「フリクションボール」を思い出して、この黒いペンを選んでくれたようです。本当にすごくすごーくうれしい！　大切に大切に使わせてもらいます。

### ▶ MINI COLUMN　一番楽しい時間

一緒にいる時間はいつでも楽しいです。

例えば、保育園の送り迎えは自転車に乗っているんですが、そのときは一緒に歌をうたったり。

一緒にご飯を食べたり、喋ったり、子どもとの日常は全部楽しいです。

子ども達と一緒にみそ作り。

# 04 シッポさん

SIPPO

岐阜県在住の30代主婦です。2016年8月に「BESS」でワンダーデバイスを建てました。子育ても趣味も楽しみながら、すっきりと暮らすために日々奮闘中です。

Instagram user name
「siippo」
https://www.instagram.com/siippo/

家族構成
夫、自分、長男2歳半、長女6カ月

住まい
築1年半の一戸建て

家事の工夫について
ためると大変なので、気になったことは少しずつやっています。午後から予定が変わってもいいように、なるべく午前中に家事を終わらせるようにしています。また、子ども部屋ではなくリビングで遊ぶので、おもちゃは親も子も取り出しやすく片付けやすい、ざっくり収納にしています。

## 子どもと暮らしを楽しむ。

2017年 01月 11日

子ども

### 最近のお気に入り

お風呂に入る前に外したヘアピンや、ちょっとしたアクセサリーを置いておこうと思った入れ物。最近、とっても気に入っているみたいで、色んなものをお皿のようにして運んで遊んでいます。

今日は電車……。ブリキのおもちゃは、時々お義母さんが出かけたときにお土産に買ってきてくれるのですが、とってもかわいいです。

2017年 01月 25日

子ども

## 真似したいお年頃

「何飲んでるの?」って聞いたら、「こーしー（珈琲）!」ですって……。

オトナ〜。何でも真似したいお年頃ですね。

2017年 03月 08日

部屋

## 半年目の我が家

この家に住み始めて、今月末で半年。今日は半年点検でした。もう半年、まだ半年。やりたいことはたくさん。

これからも、少しずつ、ゆっくりと自分達らしい家作りをしていきたいです。

外は吹雪。子ども服の整理ついでに断捨離してます。

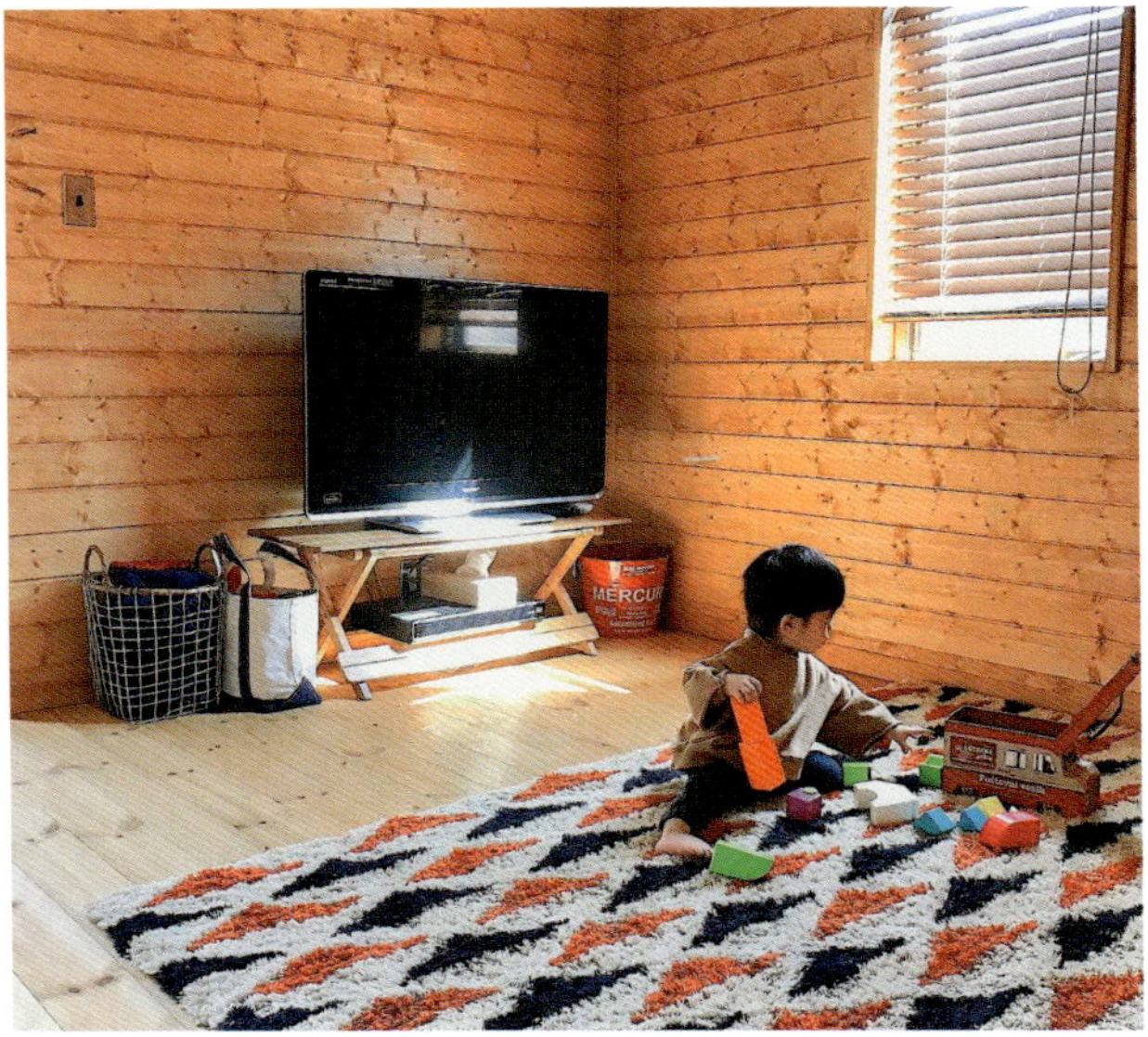

## 使わないバッグをおもちゃ入れに

おもちゃは1階に置いてある分しかないのですが、2階にいる時間も増えてきたので少しだけ移動。

今は「L.L.Bean」のトートバッグを使っていないので、おもちゃ入れに。本やこまごまとしたものも、飽きたら少しずつ1階にあるものと交換。箱を動かすよりラクなので、しばらくこのままにしてみます。

### MINI COLUMN 毎日の時間割

| | |
|---|---|
| 5:30 | 起床 |
| 6:00 | 主人が出勤 |
| 6:30 | 子どもが起床 |
| 7:00 | 朝食 |
| 8:00 | 朝食の片付けついでに掃除 |
| 9:00 | 夕食の準備開始。終わったら、外で遊んだり主人の実家へ遊びに行ったり。足りないものがあれば、子どもと一緒に買い出しへ行きます。雨の日は遊びながら一緒にパンやおやつ作りなどして過ごします |
| 11:00 | 昼食準備 |
| 11:30 | 昼食＆片付け |
| 12:30 | 洗濯物を片付けながら、子どもとDVD鑑賞。絵本時間とお昼寝（お昼寝の間はネットをしたり本を読んだり自由時間にしています） |
| 15:00 | おやつ |
| 16:00 | 夕食の準備 |
| 17:00 | 夕食 |
| 18:30 | 入浴 |
| 19:00 | 洗濯 |
| 20:00 | 子どもと一緒に部屋を片付けて寝室へ |
| 21:00 | 就寝 |

※主人が夜勤のときの時間割。日勤のときは帰宅時間が20〜22時頃とばらばらなので時間は多少ずれます。

2017年 08月 04日

子ども

## 日々成長する2歳児

この季節の休日は、草刈りをしていることが多いぱぱ。平日でも草刈り機の音が聞こえてくると、「ぱぱ草刈ってる」「ここ開けて」と言うようになりました。「ぱーぱー」「じーちゃーん」「ばーちゃーん」「おーい」とも。

最近は、お茶出しの手伝いもしてくれます。何でも「自分で」したいお年頃。できることが増えてきたから、余計にかな。できないけどしたいんですね。

「できーん」って泣いて怒った時期はほんの一瞬で、自分なりに考えてやってみようって、靴をはこうとしてみたりして諦めるのも早かったり。切り替えも早いんですけどね。

今日もお昼寝しないで遊びました。日に日に増す、2歳児のパワーはすごい。

2017年 09月 03日

部屋

## 玄関に棚を追加しました

スリムタイプの洗濯かご。場所をとらなくて、軽くて持ちやすい。2階に運ぶときも毎日のたくさん洗濯物の分別にも。少し前から使っていたのですが、2つあったほうが便利だなと感じることが多くなったので、今回、追加購入。

家族が増えて洗濯物も増えてきたので、ついでに洗濯ハンガーと洗濯バサミも。軽くて使いやすいので全部同じものを追加購入しました。

まだ雑にモノが置いてあるだけなので恥ずかしいのですが、玄関の棚はこんな感じに付けてもらいました。虫除けスプレーやシャボン玉を置いておくのにも役立ってます。車の鍵は専用ケースを取り付けようか考え中。

2017年 09月 14日

家事

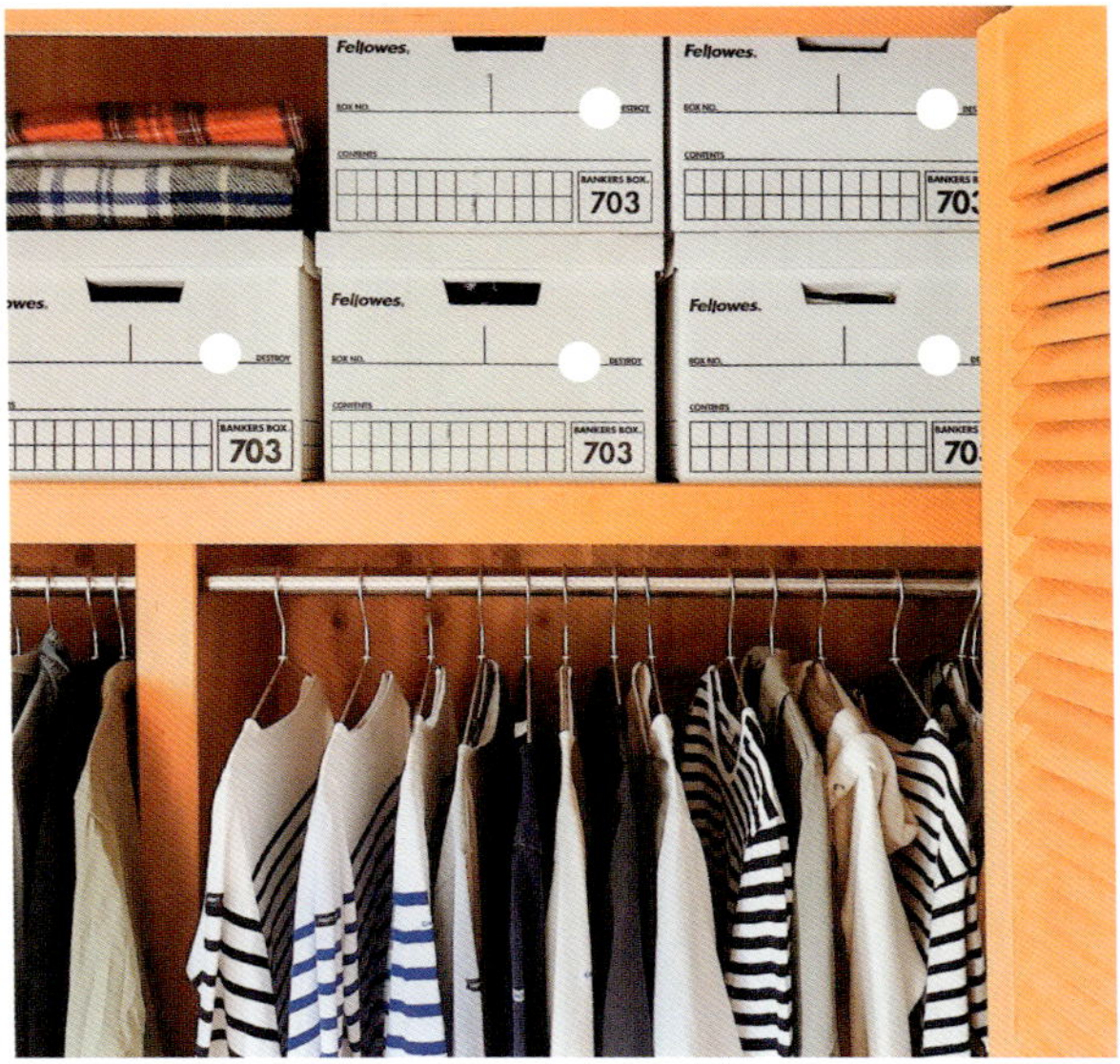


## かんたんに衣替え

服を減らしてから大がかりな衣替えはしなくなりました。箱に入っているものは、それぞれの冬用パジャマや子ども服、ベビー服。冬用のブランケットなど。

夏物と入れ替えるので、入っているものをマスキングテープに書いて、箱に貼っておくだけのかんたんなものですが、箱を下ろすときに無駄がないのでラクです。

急に寒くなったので、今朝は秋服を少し出しました。夏物も少しずつ片付けようかなぁ。

2017年 11月 02日

子ども

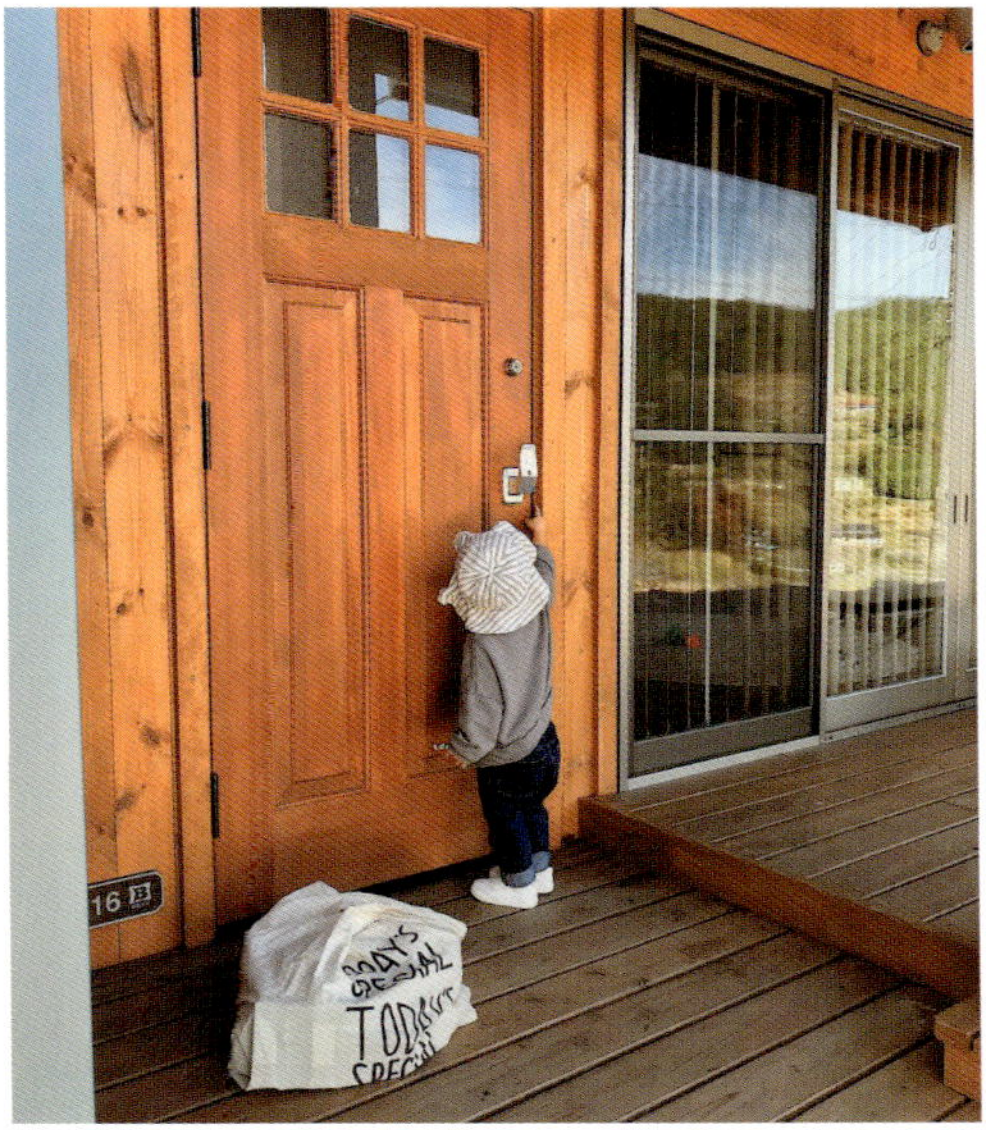

## 我が家の買い物スタイル

晴れが続いてうれしいですね♪　田舎で暮らしていると、大きなスーパーへ買い物に行こうと思うと半日仕事……。

なので、食材の買い物は週末にまとめてすることが多かったのですが、子どもを2人連れているとなかなかゆっくり見ることもできなくなったので、週末の買い出しもささっと。

週の中頃に息子だけ連れて、町の小さなスーパーで足りないものを買い足すというのが定着してきました。

ぱぱの夜勤。夜の寝かしつけは大変ですが、こんなときは助かります。荷物を持ちたくなってきた息子。そろそろリュックを買おうかなぁ。

▶ 2017年 11月 30日

部屋

## イケアのワゴン

朝の洗面所。イケアのワゴン。ひとつはここに。こちらはホワイト。もうひとつはキッチンへ。

3段だと洗面台の下に入らないので、3段目を外して2段で利用してます。

▶ 2017年 12月 02日

子ども

## 大量のおもちゃに大喜び

主人が職場の方からトミカのおもちゃを大量にもらって帰宅。大喜びの息子です。妹には、今一番気に入っているキリンのおもちゃをどうぞー。

しかし、ここから見えるだけでも、ものすごい量……。これは本格的におもちゃの収納を考えなければいけないときがきたようです。

### ▶ MINI COLUMN　自分時間の過ごし方

娘の授乳があるため、完全に1人の時間を作ることはできないのですが、息子がおばあちゃんの家に遊びにいっている間の、娘が寝ている時間が1人の時間です。好きな音楽を聞いたり本を読んだり、録画しておいた番組を見たり、自分がそのときに一番したい！と思うことをするようにして気分転換しています。

お茶を飲みながら読書でリラックス。

▶ 2017年 12月 17日

部屋

# 模様替えをあれこれ検討

娘がベビーベッドを嫌がるようになったので、思いきって片付けてから1週間が経ちました。兄の姿が見えると、ご機嫌な妹です。

部屋も少し広くなったので、模様替えついでにここも何かしようかな？　子どものものが増えてくるので収納スペースを増やそうかなぁ、と考えてます。

今日は家族で美容院へ。みんなで、すっきり。年越し前にカラーもしてもらえてよかったです。

▶ 2017年 12月 18日

部屋

# ソファーを入れ替え

リビングで使用していたソファー。日中、ぱぱは仕事でいないのでソファーを使うのは私だけ。なんだかんだ、2人並んで座る時間はほぼないので、1人で座るには大きすぎると前々から思っていたのです。

先週末、やっとぱぱのOKが出たので2階へ上げました。代わりに、リビングにはお義母さんが前からいらないと言っていたソファーを仮置きしているのですが、大きさもほどよいので、しばらくはこのままにしておくつもりです。

今は洗濯物を干したり子ども達と遊んだり、が主ですが、そのうち映画を見たり本を読んだりもできるスペースにしたいなぁと思ってます。

2017年 01月 11日

家事

## 掃除道具は手の届くところへ

先日、掃除道具を掛けるために、新たにバーを取り付けてもらいました。左からガラス用洗剤、ブラインド用ブラシ、ブラシ、はたき、マキタの掃除機です♪

ずっと別の場所に掛けてあったものをまとめて掃除機の隣に。掃除グッズもすぐに手の届くところにあるほうが管理しやすくて、私には合っているみたいです。

2017年 01月 19日

子ども

## 最後は仲よく……

写真だと、おもちゃを貸してあげる優しいお兄ちゃんに見えますが……。実際は絶対!! 貸しません。ここまで出して「これは○○の！」「絶対だめ！」なんて意地悪な。

娘はまだ何もわからないのでケラケラ笑って喜んでます。

意地悪もするけど、たまに「○○ちゃーん」なんて言って寄っていったり。微笑ましいです。最後はやっぱり、仲よく「ドラえもん」でした♪

# 05
# nikaさん
NIKA

# 日々、暮らしを見つめなおして。

夫と4歳の娘と3人暮らしの働くお母さん。子どもが生まれたことがきっかけとなり、暮らしを見つめなおすようになりました。2年ほど前から暮らしの記録のためにインスタグラムをスタート。収納や掃除、家事など、シンプルライフを公開しています。家族みんなが心地よく過ごせるように日々暮らしを見直しています。『ラクしてスッキリ！　シンプル家事』（扶桑社）という著書があります。

Instagram user name
「nika.home」
https://www.instagram.com/nika.home/

家族構成
夫、自分、長女4歳

住まい
今年で築3年の一戸建て

家事の工夫について
ためないこと。毎日のさっと掃除でラクにきれいを保てるようには工夫しています。朝家事と夜家事に分けていて、毎日続けることで短時間の家事できれいに保ちたいと思っています。

2016年 07月 26日

部屋

## せまい場所でもすっきりさせて

玄関収納。雨降りの火曜日です。
靴や傘、冬場はコートなどを入れている玄関収納は本当に作ってよかったところ。小さな収納なので、壁収納を使ってちょっとした空間も有効活用をするようにしています。

上の壁掛けフックには、娘のレインコートや帽子を（内側にもハンガーなどが掛けられるバーが付いていて便利なんです）。

下のディスプレイラックには、傘や鍵、シャボン玉などが入っている袋を掛けたり、印鑑などを置いたりしています。傘も傘立てではなくラックに掛けることで、三和土のタイルのお掃除もラクなんです。

もっと大きい収納があったらなぁと思うこともありますが、小さな収納でも工夫することですっきりと片付けられると思っています。

フックとラックは「ベルメゾンデイズ」のものです。桐でできているのでとても軽く、おうちになじむやさしい木目がお気に入りです。

2016年 12月 14日

部屋

## 床にはモノを置かないように

洗面室。壁に掛けてあるニトリの折り畳み式の踏み台は、娘が手を洗うときや高いところを掃除するときに使っています。

折り畳み式のものを選ぶことで壁に掛けて収納できて、お掃除のときもわざわざ動かす手間がなくてラクです。暗がりで予想外のところに置いてあって足をぶつけることもなくなりました。こんなことしてしまうの、私だけかもしれませんが。

床にはなるべくモノを置かない。ちょっとした心掛けでお掃除がぐっとラクになります。

2016年 12月 30日

家事

## 1年に二度の家仕事

防災グッズの見直し。1年に2回行う家仕事に防災グッズの見直しがあります。非常食の賞味期限の確認や、持ち出し用リュックの見直しなど。リュックの中のタオル類も洗濯して、きれいな状態で入れ直しました。

娘用のものもおむつからパンツに変えたりと、1年経つと必要なものが変わっていたり……。少なくとも1年に二度は見直しが必要だとあらためて思いました。

今回は非常食がいくつか賞味期限が迫っていたので、「サクマドロップス」と「ハーベスト（賞味期限5年）」を入れ替えました。できれば食べ慣れているものを用意すると安心します。

### MINI COLUMN 毎日の時間割

| | |
|---|---|
| 6:00 | 起床、身支度、掃除 |
| 7:00 | 朝食 |
| 8:00 | 保育園へ送り、出勤 |
| 18:00 | 保育園お迎え、帰宅、お風呂 |
| 18:30 | 夕飯の支度 |
| 19:30 | 夕飯 |
| 20:00 | 片付け、家事 |
| 20:30 | 寝かしつけ |
| 21:00 | 仕事 |
| 22:00 | フリータイム |
| 23:00 | 就寝 |

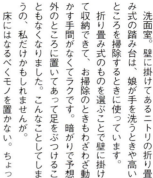

2017年 01月 14日

部屋

## おもちゃの片付けもラクに

キッズスペースからおもちゃを運んで、リビングの真ん中で遊ぶのがお気に入りな娘。運ぶときはペーパーバッグに入れてくれるので、準備も片付けもスムーズで助かっています。使わないときはコンパクトに畳めるので我が家で活躍中。

2017年 03月 15日

子ども

## 娘の入園準備

入園準備。昨晩遅くまでがんばったかいがあって作り終えました。でき栄えはイマイチですが……。ひとつでき上がるたびに、娘が入園を楽しみにしてくれている様子だったので救われました。

今朝は名前付けを。たくさんあったので娘が起きてくる前にでき上がるか心配でしたが、お名前スタンプのおかげで終わりました〜。

2017年 04月 07日　子ども

## うれしくて、少し寂しい

「自分へのお土産、ひとつ選んでいいよ」の約束がすごくうれしそうだった娘。即決したのは、イスに座っている結構大きい子。

入園式も終わり、通園初日。ドキドキしながらお迎えに行ったら「帰らない！」と怒り泣き……。連れて帰るのに苦労しました（喜んで駆け寄ってきてくれると思っていました……泣）。やっと帰ったと思ったら離れていた反動から、ベッタリ状態。

新しい環境になり、子どもの成長がうれしくもあり、少し寂しい気持ちも。でもその気持ちは今を大切に過ごせているからなのかなぁと思います、きっと。

2017年 05月 02日　家事

## 通院アイテムはひとつにまとめて

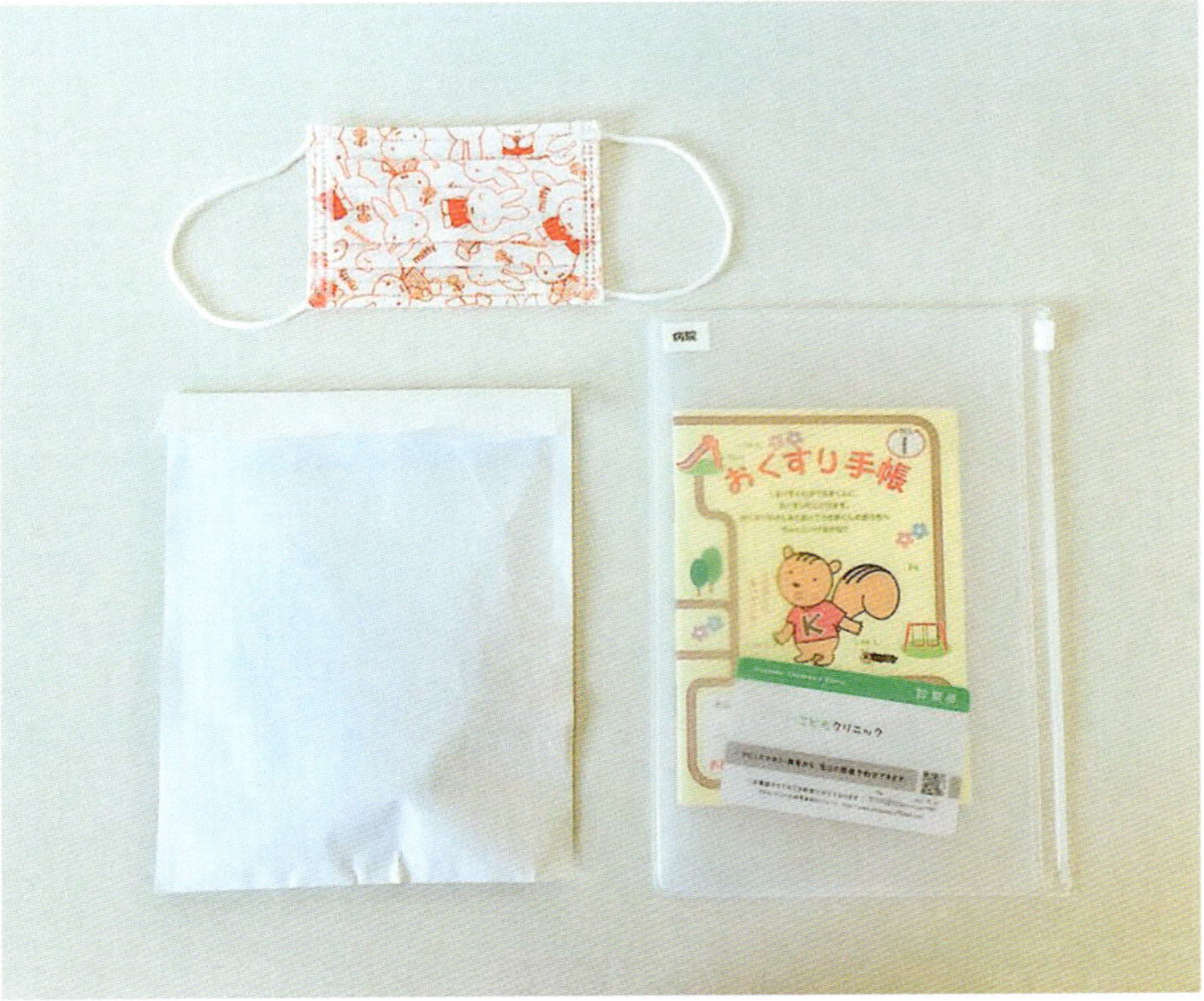


お薬手帳や診察券などは、無印良品の「EVAケース」にまとめて入れています。バラバラにならずにすっきり。

病院、やっぱり今日は混んでいました……。咳が辛そうなので、がんばってお薬飲んでもらわなきゃです。

2017年 06月 04日

## 外で食べるのが好きな娘

今日はお出かけ。

娘は離乳食のときからなかなか食べてくれない子で……。3歳になった今も、変わらずあまり食に興味がありません。

料理に工夫したり手を掛けたり一緒に作ったり、色々試してはみたけれど、一番効果があったのは外で食べることでした。


開放的な外で食べるとおいしく感じ食欲も増すそう。大人も外で食べるとおいしいですよね。

なので、小さいときからよくお弁当を作ってピクニックに行っていました。外で食べる娘のうれしそうな姿がなによりで。

今日もクーラーバッグにお弁当を入れて、行ってきます。



2017年 06月 13日

## お風呂上がりの習慣

お風呂上がりは、読み聞かせをしてあげるのが習慣。

髪を乾かしたいのに動き回る娘に困って……「どうかじっとしていてほしい」と始めたのがきっかけになり、今ではお風呂上がりに数冊絵本を持ってきます。


どれも娘も私も好きな絵本。『とんでもない』はユニークな表紙とはギャップがある奥深い物語。自分にないものよりも、あるものに目を向けて暮らしたいなぁと常々思います。

2017年 08月 15日

子ども

## おもちゃ収納を見直し

「シルバニアファミリー」の収納。小物や家具が増えてきたので見直しをしました。

無印良品のファイルボックスに大きめのパーツや家具を入れ、キャリーボックスに小物類を入れています1。小物の数が増えてからは、種類別にファッション、キッチン、人形などとラベルを付け、仕切りを使って分けるざっくり収納2。

これが娘には合っていたようで、スムーズに片付けをしてくれて助かっています。片付けのときは、2つを重ねて収納しています。

1

2

2017年 09月 27日

家事

## 入浴時の習慣をお試し中

最近、シャンプーやボディソープなどをワイヤーバスケットに入れて、浴室への持ち込み式をお試し中。お風呂に入るときに持ち込んで、あがるときに洗面室に持ち出しています。お掃除をするときにモノがないほうが楽ラクなので、この方法もいいかも？と思っています。

しばらく、シャンプーは自然派シャンプー（リンス不要のもの）を、ボディソープは「ミヨシ石鹸」のものを使っています。

2017年 11月 03日

家事

## 金曜日のちょっとした準備

保育園から持ち帰ってくる上ばきは、金曜日の夜に「ウタマロ石けん」とブラシでさっと洗った後、酸素系漂白剤で朝までつけ置きしています。

翌朝、シューズネットに入れて洗濯機で丸洗いをして干す流れです。洗濯機で脱水するとやっぱり乾きやすいです。

スニーカーも同じように洗っていますが、力を入れてゴシゴシしなくても、この方法だとラクにきれいになります（子どもの靴って本当に汚れますよね）。

金曜日のつけ置き。ちょっとした準備で、休日の家事の時間もちょっと減らせます。

2017年 12月 07日

家事

## かんたんな方法でしっかり管理

保育園からのおたより。我が家はリビング収納棚の扉の内側に、マグネットシートを使って貼っています（写真には写っていませんが左右の扉にあります）。

今までマスキングテープで貼ってみたり、ファイルに閉じてみたりと色々試してきましたが、マグネットで貼るというかんたんな方法が私には合っていたようです。

マグネットシートと強力磁石でおたよりを貼っているので、バシバシ扉を開け閉めしてもずり落ちてくることはありません。

この方法にしてから、おたよりをしっかりと管理できるようになったので、予定や持ち物を忘れることもなくなりました（お恥ずかしいですが、忙しさを言い訳にはできないですよね。周りがしっかり者のママに見え……反省することも）。

扉の内側なので、閉めてしまえばすっきり。

2017年 12月 20日

子ども

## 子どもの思い出の作品は

子どもの作品。絵や折り紙などの平面的な作品は、無印良品の「再生紙スケッチブック」に貼って保管しています。厚みが出てきても、ひもでギュッとできるところも◎。お絵かき帳に何気なく描いた絵や文字も、残したいものをくり抜いてこちらに貼っています。

本棚の上を、作品を飾る定位置にしているのですが、作品を貼り付けたらそのまま飾れるのも便利。ページをめくればかんたんに変えることもできます。

あっという間に成長する一瞬を、少しでも多く感じたい&残したいなぁと思いながら。それでいてすっきりできたら、なおいいですよね。試行錯誤の日々です。

2017年 12月 22日

家事

## 娘と一緒に過ごす時間

ゆず湯に癒やされました。ぷかぷか浮かぶいい香りのゆずを娘も楽しんでました。たくさんいただいたので、明日も楽しめそう。

仕事から帰ってきてから寝かしつけるまで本当にバタバタで（主婦はみなさん夕方からは特に忙しいですよね）、手を止めて一緒に遊ぶことをなかなかしてあげられないので、入浴は一緒に遊ぶ絶好のチャンス。

今日あったことを話したり一緒になって遊んだりしています。ひらがなも大半はお風呂で遊びながら覚えたように思います。

そしてお風呂上がりに髪を乾かすときは絵本の時間。毎日必ず2、3冊読んであげるのが定番コース。習慣になっているので、何も言わなくても読んでほしい本を持ってきます。あまりに多いときは困りますが。普段はごめんねと思うことも多々あるのですが、特別な時間を取れないときは、うまく時間を使えたらいいのかなと思います。

### MINI COLUMN　一番楽しい時間

普段、娘は保育園に行っていて私も仕事をしていて離れているので、夜寝る前に思いきり遊んであげること。そのために家事も早く終わらせて、なるべく時間を取るようにしています。娘も一緒に遊ぶために、自分でお片付けをがんばってくれるようになりました。片付けたら、寝室へ行って絵本を読んだり歌ったり！　毎日の楽しみです。

娘の大好きな「シルバニアファミリー」。

# 06
# KAOさん

KAO

## 子どもとのリンクコーデを楽しんでいます。

4歳の三つ子（女・男・男）と2歳の男の子の4児の母。子ども達のおそろいコーデが大好きです。育児に協力的な夫と6人暮らし。子育てにまだまだ手がかかり、ドタバタでにぎやかな毎日を過ごしています。モデルルームのような、生活感のないシンプルな部屋が理想です。家具や収納用品は白をベースにし、カラフルな子どもグッズでごちゃごちゃしないように心がけています。

Instagram user name
「kaotan_8」
https://www.instagram.com/kaotan_8/

家族構成
夫、自分、長女4歳、長男4歳、次男4歳、三男2歳

住まい
4LDKの一戸建て、築4年

家事の工夫について
小さい子が多いため、子どものことにかかる時間がとにかく多くて、家事にかけられる時間が限られてしまいます。ゴミ捨て、洗濯、皿洗い、風呂掃除、子どもの世話など、夫ができるときはできる限り協力してもらい、夫婦で家事を分担することも、我が家にとっては大切なことです。洗濯では、大きめの衣類やシワになりやすいものだけをさっと外干しして、小さめでシワになりにくい衣類は乾燥機付き洗濯機でそのまま乾燥まで。夕食の準備では、おかずを多めに作りおきしています。

2017年 04月 10日　子ども

### ストローハットとかごバッグで

三つ子のハット。去年のが3人ともボロボロになってしまったので、新しく買いなおし。でも形がおしゃれなのに出会えた。

そして私のフレアブラウスとかごバッグ。ブラウスは体型をカバーできる長めの着丈がお気に入り。かごバッグもかわいくて、これからの時期にたくさん使いたいなー。

今日は幼稚園はお休みで、イオンやらあちこち行ってきました。私1人でチビ4人を引き連れてだったので、とてつもない疲労感……。

## 桜の木の下で

花より団子。お互いのアメをペロペロ交換中。

昨日はランチへ行って、帰りに桜の木の下をお散歩。先週お花見したときは満開だったのに、もうだいぶ散ってたなぁ。

今週は幼稚園の慣らし期間で早めの帰宅だったからバタバタだったけど、来週からは給食&弁当が始まるから余裕できるかな。

次男坊は幼稚園バスに乗るのが大好きみたいで、昨日は幼稚園がお休みだからすごく残念がってた。長男坊は3人ともクラスが別なのが寂しいみたい。娘は初日にお友達と喧嘩して泣きながら帰ってきたけど、次の日からは楽しくやれてるみたいでひと安心。

### MINI COLUMN 毎日の時間割

| | |
|---|---|
| 6:00 | 起床、身支度 |
| 6:30 | 朝食準備、お弁当作り |
| 7:00 | 子どもを起こす、朝食、子どもの身支度 |
| 8:00 | 三つ子登園（近所のバス停まで見送り） |
| 8:20 | 家事（洗濯、掃除、一部夕食準備） |
| 10:00 | 末っ子を連れて外出（散歩、友達と遊ぶ、買い物など） |
| 12:00 | 昼食準備、昼食 |
| 13:00 | 末っ子お昼寝、夕食準備 |
| 14:30 | 三つ子帰宅（近所のバス停へお迎え） |
| 16:30 | 子どもとお風呂 |
| 18:00 | 夕食 |
| 20:00 | 絵本読み聞かせ、寝かしつけ |
| 21:00 | フリータイム（Instagram、ドラマ鑑賞など） |
| 24:00 | 就寝 |

2017年 05月 06日

子ども

## みんなで並んで

こいのぼりと4兄弟。みんなで並んで背比べ。
　これからも仲よく、元気いっぱい大きくなってね。

2017年 06月 02日

子ども

## 白いTシャツでシンプルに

白いTシャツにデニムサロペットコーデ。最近、白いTシャツをよく着てる気がする～。

　明日はお休み。さて、どこに行こうかな。レゴランドに行ってみたいんだけど、子ども達楽しめるのかな～。

### MINI COLUMN　コーディネートの考え方

　みんなでおそろいにしたいアイテム（白ニット、黒パンツなど）を最初に決めています。そのアイテムを使ったコーデをInstagramやWEARで探して、参考にすることが多いです。それから、全身おそろいにするか、ポイントアイテムだけをそろえるかを考えています。

子ども達のクローゼット。

2017年 08月 27日

子ども

## みんなでぬりえに熱中

最近ぬりえが大好きでよく塗り塗りしてる子ども達。ぬりえをさせると、びっくりするくらいの集中力。特にリコ（長女）。塗り方にも個性が出るなぁ。

リコとアイト（長男）は色んな色でカラフルに。レント（次男）は好きな色で単色塗り。ミナト（三男）はもう別のところを塗ってるね……。

2017年 08月 30日

子ども

## ラクちんお出かけコーデ

昨日、一昨日と4人を連れてお友達のおうちへ。

私1人で子ども全員を連れてあちこち出かけるのは大変なので、友達の家はラクちんで毎度助かる〜。もうすぐ夏休みが終わるー。

ボーダーにベージュのパンツでリンクコーデ。この夏はベージュをよくはいてるなぁ。引き続き、秋もベージュが気になります。

2017年 11月 09日

子ども

## スポーティーコーデ

2日間、パン作りしました。一昨日は友達がやってる、おうちパンレッスンの初受講でメロンパンを。幼稚園のママ友と参加。
　そして、昨日は双子ちゃんママの家に遊びに行って、教えてもらいながらウインナーパン作りを。どちらもおいしくできて、子ども達とパパに喜んでもらえました。これを機にちょこちょこ作ってみようかなと思ってるけど、まずは道具をそろえるところから（笑）。今日早速買いに行こうかな。

　ブラウンのロングカーデ。子ども達のは去年大きめサイズを買ってロングカーデ風にしたんだけど、今年はそこまでロング丈じゃなくなってるなぁ。来年は普通のカーディガンになりそう。ニット帽とスニーカーでスポーティーに。

2017年 11月 15日

子ども

## ケーブルニットでおそろい

来月は三つ子の4歳の誕生日。最近、毎日のように「たんじょうびはまだ？　あした？」って聞いてくる子ども達。誕生日にクリスマスに、プレゼント選びで忙しくなりそうだなぁ。

ネイビーのケーブルニットにグレンチェックパンツ。最近子ども用のケーブルニットをユニクロでゲット。ネイビーとホワイトにしました。もちろん限定価格のときにまとめ買い。シンプルだから、たくさん使えそう。赤もかわいいなぁ。

2017年 11月 18日

子ども

## ベージュ&ブラックでリンク

ベージュ&ブラックでリンクコーデ。ショートコートの丈感。合わせやすいし、動きやすいし、いい感じ。めっちゃ暖かい。

子ども達、今日は朝からじいじとばあばのおうちへ遊びに行きました。私はなかなか風邪が治らなくて、久々に少しおうちでゆっくり。もう2週間くらい咳が続いてるから、早くよくなってほしいわぁ。

2018年 02月 16日

子ども

## おもちゃよりもぬりえ?

作業中……。ぬりえ、お絵かき、ハサミと、各自やりたいことを。最近はおもちゃで遊ぶより、ぬりえとかのほうが好きみたいで、三つ子が幼稚園から帰ってくると大体4人で作業してます(笑)。

子ども達がまだ小さくてそんなに2階の子ども部屋に行かないので、今はリビング横の和室が子ども部屋代わりに。「トロファスト」、本棚、ハンガーラック、ストライプの収納ボックス、テーブルとイスは全てイケア。

先月4回もイケアに通い、ようやくそろいました(笑)。「トロファスト」の上のボックスは無印良品の「やわらかポリエチレンケース」。子ども1人1人のおもちゃ入れに。

机は木の部分を白く塗ろうかと思ってるけど、なかなか重い腰が上がらない〜。

### MINI COLUMN 子ども服を買うときのポイント

男女関係なくみんなでおそろいにできて、親子でも合わせられるようなシンプルなデザインのものを選んでいます。シンプルなデザインだと、着回しもしやすいです。長く着れるようなサイズやデザインを選びます。

娘はスカートをはきたがるときもあるので、娘だけスカートを買うときは色だけそろえます。

子ども4人分をおそろいで買うので、とにかく少しでも安いものを。安くてお値段以上のユニクロで買うことが一番多く、期間限定価格商品も毎週チェックしています。またネットでセール中の服も買います。

# 07
## Yuさん

YU

神奈川県在住。30代。収納や片付けをがんばった後には自分も気持ちがいいし、家族が「きれいになった！」とか「使いやすくなった！」とか喜んでくれるのが、またうれしいです。家族とともに家を成長させ、みんながいつも心地よく暮らせる場所にしたいです。

Instagram user name
「mylittlethree」
https://www.instagram.com/mylittlethree/

# 家族と家が一緒に成長して暮らせるように。

家族構成
夫、自分、小学生の長女と長男、3歳の次男

住まい
築約7年の一戸建て

家事の工夫について
掃除はこまめに、気付いたときにすること。子ども達ができることは、たくさんお手伝いをしてもらうこと。

2016年 02月 17日

部屋

### 共有スペース

家族のワークスペース。子ども達が使わないときはここで大人も書類を書いたり、ひと息ついたりできそう。最初、棚板を机代わりに取り付けようかと思ったけど、安かったからこれに。イケアの引き出しが、あつらえたようにぴったり。

2016年 03月 01日

部屋

## うさぎのお雛様を飾って

お雛様を飾る娘。……で、この並びでよいみたいです。位置が反対かな!? と思った……ホッ。ら、このうさぎ雛は京都のもの

2016年 04月 06日

子ども

## 飾りたくなるおもちゃ

大人も遊びたくなる。しまうのがもったいなくて、リビングに飾りたくなるようなおもちゃ達。

2016年 05月 16日

部屋

## ブランコでゆらゆら

april elevenのブランコは、1歳のバースデープレゼント。子ども部屋や、お出かけ先の木に吊るしてゆらゆら。気持ちよさそうです。

2016年 06月 01日

子ども

## おもちゃはトランクに

「BONTON」のトランクの中には、積み木やパズルなど、お気に入りのおもちゃ。かわいい木製カメラは、しまい込まずにいつでも眺められるよう吊るしています。ヴィンテージのキッズチェアは、その歪んだ形も愛らしく思えます。

2016年 12月 03日

部屋

## 子ども部屋を模様替え

12月は特別な月だから、いつもの子ども部屋を少し模様替え。冬の匂いを感じるモミの木の枝や、ヒムロスギなどのグリーンをプラス。

2017年 02月 10日

子ども

## 美しいおもちゃ

いただきものの、美しい葉っぱのパズルやくまさんのおもちゃ。

▶ 2017年 04月 28日

部屋

## お気に入りの寝具

寝室はリラックスできるよう、優しい色合いで。

「merci」のコットンシリーズは肌ざわりがとてもよく、お気に入り。

▶ 2017年 05月 05日

子ども

## レザーの兜とこいのぼり

ひとつひとつ、心を込めてレザーで手作りされた、「atelierchrono」の兜とこいのぼり。

▶ MINI COLUMN

### 自分時間の過ごし方

　自分の時間は子ども達が寝た後。好きな音楽を聴きながら読書、ネットなどをしています。

　生活が子ども中心になり自分時間は減って忙しいけれど、幸せにあふれた日々です。自分の心は、以前よりはるかに豊かになりました。家族そろって過ごすお休みが楽しいです。温泉へ行ったり、ドライブに出かけたり。

1人時間は音楽を聴きながら。

2017年 10月 27日

子ども

## バレエに夢中の娘

先日、娘の誕生日に贈ったバレエ練習用のバー。ポータブルで、一応持ち歩くこともできるもの。

こんなにバレエに夢中になってくれるなんて、思いもしなかったなぁ。

土日含めて週3回のレッスンのせいで一緒にお出かけできる時間は減ってしまったけど、それでもとてもうれしいです。応援してるよ！

2017年 12月 03日

部屋

## クリスマスの恒例

毎年恒例のアドベントカレンダー。クリスマスツリーは子ども達と一緒にコンサバトリーに飾るけれど、こちらはお楽しみです。

短い時間でかんたんにできるシンプルなクラフトで、毎年少しずつアレンジ。

# 08 まりおさん

MARIO

## 家族みんなが笑顔で心地よく暮らせるように。

転勤族の夫と娘（0歳）との3人暮らしです。現在は沖縄在住。いつも片付いたお部屋にはなかなかできていませんが、リセットしたくなったらすぐできるような空間を目指しています。家族みんなが笑顔で心地よく暮らせるよう、日々試行錯誤しています。育児って大変だなと思うことはしょっちゅうですが、娘の笑顔やすやすや眠っている顔を見ていると、そんな気持ちも吹き飛ぶほど幸せを感じます。

Instagram user name
「mario.15.88」
https://www.instagram.com/mario.15.88/

家族構成
夫、自分、娘0歳

住まい
1LDK賃貸マンション

▶ 家事の工夫について

出産後、自分のペースで家事をするのが難しくなったので、ひとつひとつ段取りや行程を見直しました。手間を減らし「ついで」の動線を作ることで、時短を意識しています。また、夫とも話し合い、家事の優先順位を明確にしました。ちなみに我が家の優先順位はおおまかに、育児>洗濯>片付け・掃除>料理です。全てを終わらせられない日もありますが、「まぁいっか」の精神で過ごしています。

▶ 2017年 01月 31日　部屋

### 手紙類の整理の流れ

実はダイニングテーブルの横側にレターオープナーをくっつけています。面ファスナーを使って貼り付けただけです。

テーブルの脇にはシュレッダーも置いてあるので……ポストから手紙を取って帰宅。ダイニングテーブルにとりあえずポイ。

手洗い・うがい、着替えなどをひと通り済ませて落ち着いたら、ここに座って開封。いらないものはその場ですぐに座ったままシュレッダーへポイ。

この流れが定まったことで、未開封の手紙の山ができることがなくなりました。

## 引き出し内の整理

リビングにあるシェルフの引き出しです。ここは衛生用品と文房具入れ。無印良品率が高めのゾーンです。

無印良品の「ポリプロピレンデスク内整理トレー」がこの引き出しにぴったりでした（シンデレラフィットっていうんですね！）。奥に少し隙間ができたのですが、ぴったりすぎたので引き出しを開けてもトレーがずれません。うれしい。

それぞれのモノに個室ができたので、ごちゃごちゃせず、すっきりした状態を保てています。

### ▶ MINI COLUMN　毎日の時間割

| | |
|---|---|
| 6:00 | 娘と夫起床 |
| 7:00 | 私起床、授乳 |
| 7:30 | 夫出勤<br>娘の相手をしつつ朝食、身支度、洗濯・食器洗いなどの家事 |
| 9:30 | 娘朝寝 |
| 10:00 | 娘起床、娘を見つつ掃除や夕食作り |
| 11:00 | 離乳食、授乳 |
| 12:00 | 娘を見つつ昼食、片付けなど |
| 13:30 | 娘昼寝<br>休憩、離乳食のストック作り |
| 15:00 | 娘起床、授乳<br>娘と遊ぶ<br>残った家事の続きをすることも |
| 16:00 | お散歩やお買い物 |
| 17:00 | 帰宅、離乳食 |
| 18:00 | 娘とお風呂 |
| 19:00 | 授乳、娘就寝<br>軽く部屋を片付けて夕食 |
| 21:00 | 夫帰宅 |
| 24:00 | 夜間授乳、娘と一緒に就寝 |
| 3:00 | 夜間授乳 |

2017年 06月 04日

部屋

## 久しぶりの「私の空間」

キッチンシンクにベビーバスを置いて沐浴をさせていたんですが、主人と一緒にお風呂に入るようになったので、キッチンでの沐浴は終了！　やっと私の空間が戻ってきたな～!!　という感じです。
　今日は主人に娘を見てもらっている間に、作りおきのおかずをいくつか作ることができました。とはいえ、なかなかちゃんと料理を再開させるにはいたらず……。
　普段はご飯を炊くのと、ごくまれにおみそ汁とかスープを作るくらいで精一杯。みなさんどうやって毎日料理してるんでしょう。謎すぎる……キャパの問題？

2017年 06月 18日

部屋

## 寝室を模様替え中

寝室改造プロジェクトが進行中。思いきって模様替えを進めています。いずれ娘と添い寝をするため、ベッドの向きを変えて壁付けに。
　そしてシーツも新調。真っ白で気分すっきり綿100％で寝心地さらさら～。ガーゼケットは「fabric＋」のものを愛用。柔らかくてふわふわで、肌触りがとっても気持ちいいです。お気に入りすぎて、娘の分もベビー用サイズを買いました。
　それと、2年間見て見ぬふりをしてきた、長さの合ってないカーテン……（転勤族あるある）。ついに新しいのを注文しました。オーダーサイズになっちゃうので痛い出費だったけど……。多分次の転勤先では使えないサイズだと思うけど……。
　いいんです、いいんです。寝室の環境大事。今この瞬間の睡眠が優先。早くカーテン届かないかな～。それにしても……こういうこと、妊娠中にしておければよかったです。あんなに暇を持て余してたのに～。

2017年 07月 06日

部屋

## どんどんカラフルになる我が家

生後2カ月。レンタルしていたベビーベッドを返却して、新たに購入しなおしたものを使い始めました。今回はハイタイプを選んだので、抱き上げるときやおむつ替えのときに腰にかかる負担が減りました。さて、あと何カ月使えるかな～。

こんなことなら、初めからベビーベッドを買えばよかったです。出産するまでハイタイプなんてものがあるのを、知りませんでした……。リサーチ不足が悔やまれます。

そして「神メリー」と名高い「くまのプーさん」のメリーをついに購入。うん。神だ！ ありがとう、プーさん。どんどんカラフルになっていく我が家です。

2017年 08月 28日

子ども

## あると便利なもの

ベビーモニター。なければないでなんとかなるし……と買うのを迷っていたベビーモニター。やっぱりあると便利でした!! 寝ている姿をいつでも見られるって、こんなに安心するものなのかーと。

娘は最近抱っこの要求がすごいです。抱っこはあんまりじゃなかったの？ と言いたい。もう7kgあるので、腕がきつい～。寝てくれるとほっとします。でもこんな気持ちに少し罪悪感。

2017年 09月 03日

部屋

## ジョイントマットを敷いて床座生活

リビング、ビフォーアフターです。何故かテンションが上がりながらジョイントマットを敷きつめたんですが、客観的に写真を撮るとなかなか「おぁ……」となりました。

でもまあ、いっか、と。プーさんのメリーがある時点で、もはやそんなに変わらない。娘と楽しく床座生活を始めます。

でも、膝を痛めそうだなーと思ったり。抱っこで持ち上げるとき、「よっこいしょ……フン!」となりました。ベッドから抱っこだとラクだったんだけど……育児とは満身創痍のことである……。

世の中のお母さんはみんな偉いな〜。自分を奮い立たせないとやってられない。

2017年 10月 11日

部屋

## 抱っこひもなどを入れて

コットンロープバスケットを買いました。早速抱っこひもとお出かけ用おむつポーチ入れに。放り込むだけだからラクちん〜」

お出かけ用の抱っこひもは、エルゴベビーの「アダプト」メッシュタイプ。おうちでの抱っこひも代わりにヒップシートも買いました。抱っこしたり降ろしたりがラクすぎて衝撃。我が家に革命が起こりました。

でも、私が買ったやつは装着したら便器がお腹から出てるみたいなビジュアルになります(笑)。娘も満足そうだし、腱鞘炎もだいぶよくなってきました。

### MINI COLUMN 自分時間の過ごし方

娘が寝た後が自由時間になります。娘が物音で起きないよう、なるべく静かにゆったり過ごすようにしています。家事が残っていても、見て見ぬふりで翌日に回してしまうことも……。「諦めてだらだらする」スキルに磨きがかかりました。

休憩のおやつはおからクッキー。

2017年 11月 08日

部屋

# 離乳食セットをまとめて

離乳食を始めたことでますますモノが増えてきたので……、冷蔵庫横の隙間を離乳食コーナーにしました。100均で買ったケースには離乳食の本。ただ、これマグネットが弱くて……本を入れるとずり落ちてくる。

なので10kgまで耐えられるマグネットフックをケースの下側に2つ貼って支えてます。がっちりがっちり固定されます。さすが！

マグネットフックにはお食事エプロンと無印良品のトートバッグを掛けておいて、トートバッグの中にはお口拭きを。用意するものをまとめておくことで、離乳食前のバタバタが少し軽減されました。

無印良品のトートバッグ、安いしシンプルだしサイズも豊富で好きです。洗濯したらしわくちゃになるけど（笑）。

離乳食を始めて1週間経ちましたが……まだおっぱいのときのお口の動きです。今日はストローで麦茶もあげてみたけど、全部ダバダバこぼしてました。これは手ごわそうだ～。

2018年 01月 17日

部屋

# 娘のお世話グッズをまとめて

テレビボードの引き出しは娘のお世話グッズ入れになりました。一番左のものはペットシーツです。うんちのとき、おむつを替える際に使います。

おしり拭きはずっと「グーン」。色々使ったなかでは一番しっとり、ウェット感あるかな？　と……。おむつが臭わない袋も相変わらず愛用中。

一日の大半をリビングで過ごすので、ちょっと腕を伸ばすと届くこの場所に色々置いたら快適快適。娘は、引き出しにはまだ興味がなさそう。この調子でお願いします。

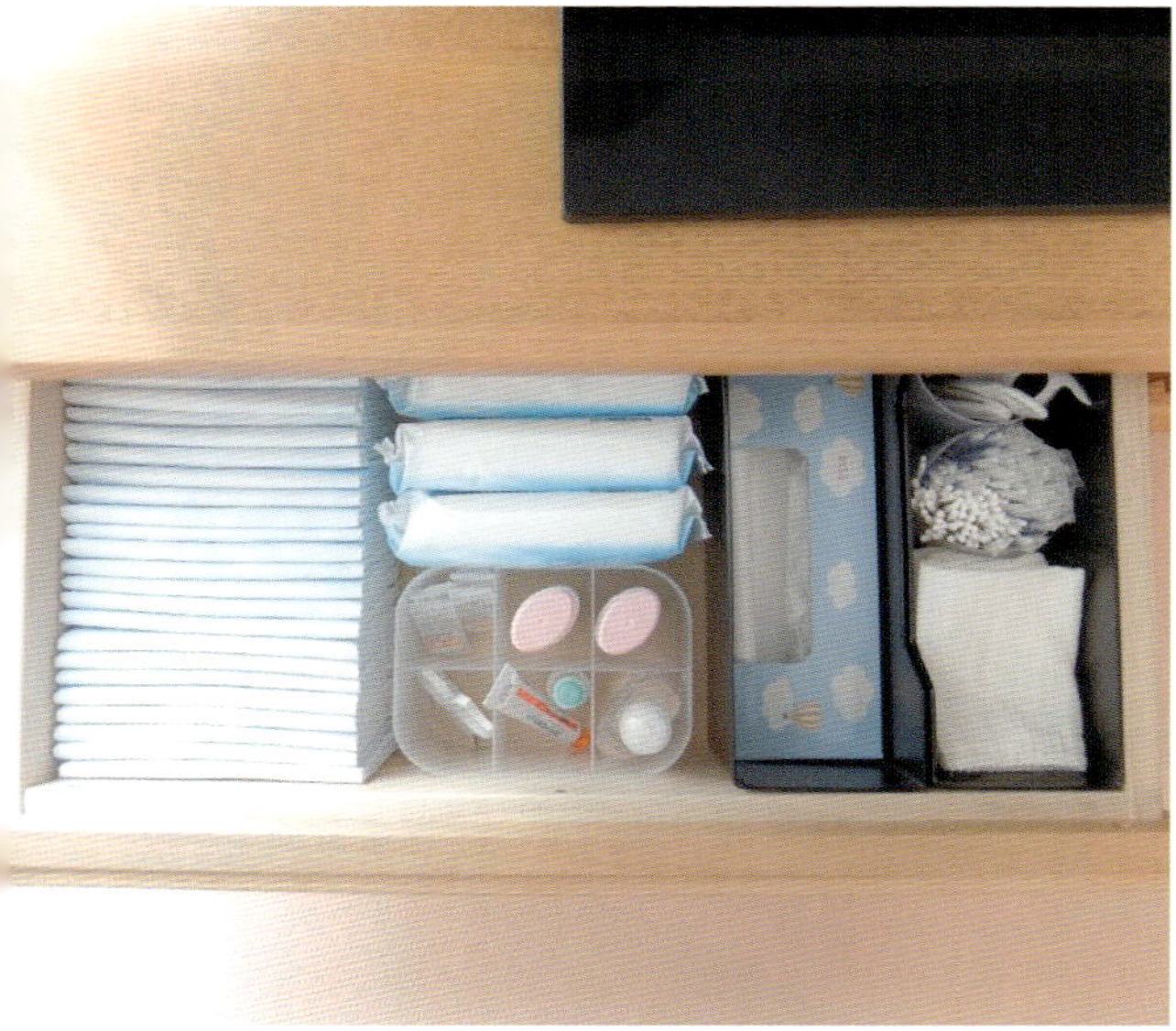

# 09
## 優さん
YUU

# 子どもとの何気ない会話に幸せを感じます。

宮城県仙台市在住。30代の専業主婦。家族が過ごしやすい空間作りの基本にあるのは、やはり「シンプル」であることです。殺風景なシンプルではなく、シンプルさのなかにも温かみが溢れる空間にしたいと常に考えています。就寝前、お風呂上がりに一緒に布団に入った瞬間が一番好きな時間。子どもと何気ない会話をしたり、私が理不尽に怒ってしまってモヤモヤしたときは「今日は悪かったね、ごめんね」と娘に素直に謝るチャンスがこの時間です。

Instagram user name
「itdm.ho」
https://www.instagram.com/itdm.ho/

**家族構成**
夫、自分、長女5歳、次女3歳

**住まい**
築3年目の一戸建て

**家事の工夫について**
「掃除は何かのついでに、きれいにしちゃおう」をテーマにしています。たまった汚れを一度で大掃除するのではなく、ついでに少しずつ手を付ける「毎日のちょこっと掃除」を心掛けるようにしたら、掃除が億劫にならなくなったし、いつでもピカピカを保てます。

2017年 07月 20日　家事

### ママの真似をしたいお年頃

お洗濯と私。風に揺られてユラ～リユラ～リ。ふんわり、いいにおい～。なんで、わざわざこんなところで。そう。何でもやりたい小さなママのために。洗濯ロープは、ウッドデッキにもともと付いている1mほどの柵にスダレを立て掛けて、ひもで何カ所かくくり付けているだけです。

2017年 10月 24日

部屋

## 子どもの衣類収納

子ども部屋の衣類チェスト。畳んだ状態で自立しない、やわらかい素材でできた薄手の衣類。仕切りにディッシュスタンドを使用してみたらすごくよかった。衣類を抜き取ったスペースはそのまんまで、衣類が倒れてくることもありません。

スタンドの限られたスペースに収まるサイズに畳もうとするので、大きさにも統一感が出ます。整理整頓しながら、サイズアウトして着られなくなっているものがないかを点検中。

3段チェストの上段2つはどちらも空。下着類だけは、ここではなくお風呂の脱衣所にあるチェストに収納しています。

余白があると新しいものをスムーズに取り入れられる気がします。成長期で回転の早い子どもの衣類。そのことを意識したうえで、だんだんと適正量を把握できるようになってきました。

2017年 11月 02日

部屋

## 手作りのシンプルツリー

公園で拾ってきた小枝が、ツリーに変身。自分で枝にペイントして、ホルムガードの「フローラ」に挿しただけのシンプルツリー。

わざわざ買わなくたって、自然のさりげなさのなかにも冬をギュッと詰め込むことはできる。

ベツレヘムの星を飾って。オーナメントだけはこだわりのものを。

### MINI COLUMN 毎日の時間割

| | |
|---|---|
| 6:00 | 起床 |
| 6:15 | お弁当作り |
| 7:00 | 朝食 |
| 8:00 | 長女を幼稚園へ送り出し |
| 8:30 | 朝の掃除（部屋・トイレ掃除など）・洗濯 |
| 10:30 | 次女を連れて公園へ |
| 12:00 | 昼食 |
| 14:00 | 幼稚園のお迎え |
| 14:30 | おやつ |
| 15:00 | 公園へ |
| 17:00 | 夕食 |
| 17:45 | 後片付け（掃除） |
| 20:00 | 入浴 |
| 21:30 | 就寝 |

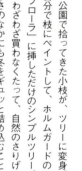

2017年 11月 25日

子ども

## あいうえお表も手作り

「あいうえお」の読み書きステップ1。

お店に売ってるあいうえお表ってカラフルで、大体のものがガチャガチャしたデザインばかりなので、インテリアの邪魔をしないシンプルなものを自分で作成して、部屋のいたるところに置いています。

ふとしたときに、部屋の色んなところで「この字はなーんだっ♪」って遊び感覚でやりながら、読むのも書くのもどんどん自分のものにしてゆくので、そろそろステップ2も作成してみようかなぁ。

2017年 12月 11日

部屋

## 我が家のスタイル

ダイニングテーブルのすぐ隣、子ども用テーブルのイスにファーをまとわせました。「おしりが冷たーい」と毎朝言っていたから、これなら背中も暖かくなるね。

家族4人のダイニングテーブルのほかに設けているスペース。4歳の長女ともうすぐ3歳になる次女は、ここで食事をしています。

自分達でおはしセットを用意したり食べた食器を下げたり、トイレに行きたくなったらここから自由に動けるので、幼稚園みたいなスタイルで過ごしています。妹は姉を見て全て真似ます。すぐ隣のテーブルには夫と私も座っているので、食事中の会話も楽しんでいます。

自分でできる→褒められる→自信につながる→意欲がわく→私もラクできる。何気ない暮らしのなかから生まれる、最高のループだと感じています。

▶ 2017年 12月 12日

子ども

## 持ち歩けるケースにまとめる

長女の文房具収納。無印良品の「自立収納できるキャリーケース」にひとまとめ。トレイで仕切ってわかりやすく、使いやすく、片付けやすく。らくがき帳とあいうえお表も一緒に入ってます。アイテムを全て無印良品でそろえて、機能性と見た目に統一感を。

　このワンセットをいつもカバンみたいに部屋中を持ち歩き、その日の気分でスタディコーナーや子どもテーブルで工作したりお手紙を書いたり。

　ハサミはスッスーッと切りやすくて、色鉛筆はなめらかでスルスルな書き心地〜！ なんだそうで。無印良品、すごくお気に入りのようです。

▶ 2017年 12月 20日

部屋

## 写真を整理しました

年末までに必ずやっておきたかったこと。写真アルバムの整理と断捨離。

　親が残してくれた私の幼少期の写真や家族との昔の思い出写真だけは別として、手放したのは、学生時代頃から自分で撮ってきた写真全て。ざっと枚数にして2000枚以上。

　残したのは、友人や夫との大切な旅の思い出写真の厳選したベストショットを数枚、子どもが生まれてからこれまでの成長記録と家族写真。これを機に無印良品のアルバムに統一して整理整頓することに。

　七五三や幼稚園の思い出、旅行写真は小さいサイズのアルバムにカテゴリー別に分けて整理。スタジオ写真館で撮影した、増やせるアルバムや家族写真も一緒にブックスタンドに立てて収納。

　これから先、まだどんどん増えていく家族の思い出や子ども達の写真を入れていくための余白スペースも忘れずに確保。

　ラタンバスケットにはDVDやエコー写真、産後から1歳までの様子を毎日綴った娘達の育児日記、足形や手形などの成長記録、命名書や旦那さんからのお手紙など一生残しておきたい品々を収納しています。

2018年 01月 08日

部屋

## 空間を引き締めてくれるアイテム

大好きな白・ベージュ・グレー・ウッド素材で統一している部屋のインテリア。やわらかな色味で全体がぼやけがちな空間に引き締め効果を発揮しているのが、ブラックフレームに入れたモノトーンカラーのアートポスター。COCO LAPINE DESIGNの「KETOS」というクジラのポスターです。

壁に掛けたりスツールの上に置いたり、気分次第で部屋中色んな場所に移動させると、ただそれだけでもすごく新鮮。かっこよくてシンプルで魅力的で、ずっとずっとお気に入り。

2018年 01月 09日

部屋

## 細かいおもちゃを収納

1

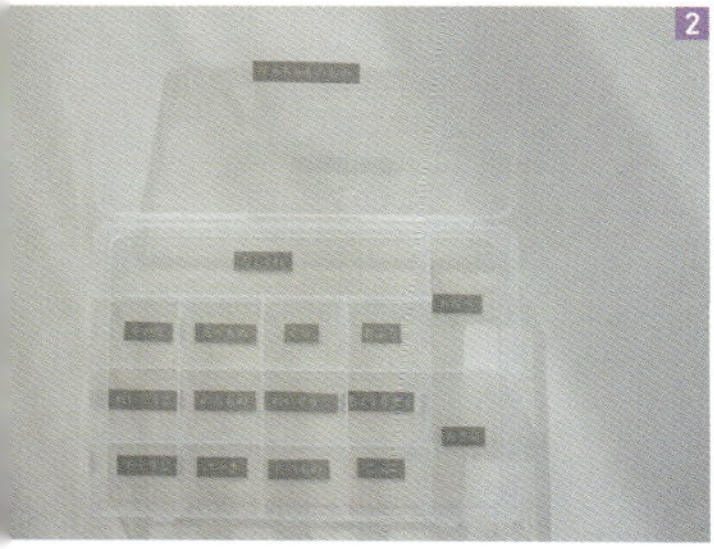

2

紛失ゼロ、お片付け率100%を可能にした、細かいおもちゃの収納。子どもの性格もやりやすい方法も人それぞれ。「これが正解」がないからこそ、少しでも楽しくやれたらうれしいね。

子どもが自分で上手にお片付けできる達成感もうれしいけど、それぞれが決められたお部屋に整頓してもらったおもちゃ達だって、絶対うれしいはずー。

多く持っている割にはすぐに飽きて遊ばなくなって、ただただ増えていったおもちゃ。娘達とお話しながらひとつひとつを手に取り、これからもずっと大切にしていきたいものとそうでないものを分別し、不要なものは全て心を込めて断捨離しました。

そして長女に用意してあげた、リカちゃんのこまごましたグッズを入れるお片付けボックス1。ひとつひとつのモノに所在地を与えてあげることで迷子を防ぎ、片付けやすくなってすっきり整頓。

ラベルは白ベースに黒文字の方が見やすいのだろうけれど、グレーのベースに白文字で作成ってところが、また私の中でのこだわりポイントです（笑）2。表示は平仮名で。「あいうえお」の読み書きを完全マスターした4歳の娘には、これが一番適したお片付け方法でした。

2018年 01月 15日　部屋

## 子どもが自分でできるように

子どもの「自分でできる」をここにも。

玄関のシューズボックス。もともとここは靴入れとしてではなく、非常食やカセットコンロなどの災害グッズを収納していました。それらを上のスペースに移動して段を全部取り外し、幼稚園の制服や帽子・カバン、アウターなどを収納して、子どもが「自分で準備できる」スペースに変身。

幼稚園の荷物は全体的にガチャガチャしていて色の氾濫もうるさいので、目隠し収納にすれば家の出入り口であっても問題なくすっきり。

扉を開けると、これまた大好きな「白×グレー」の組み合わせがちらり。

家族全員のはき物は左側のシューズボックスに入れています。無印良品のソフトボックスの中にさらにPPボックスをセットして、ハンカチやポケットティッシュ、マスクなど細かいものを多めに入れています。

私が衣類のお手入れをしたいから、「マーチソン・ヒューム」の衣類用スプレーも一緒に。高さもちょうど子どもの背丈にはぴったりで、エントランスということもあり帰宅時の動線のなかでスムーズに着脱できるようになりました。

2018年 01月 18日　部屋

## おもちゃは棚に収まるだけに

自分達がずっと大切にしたいと思えるものだけを残して断捨離したおもちゃ。心ときめくお気に入りに残したものは、長女は「リカちゃん」、次女は「メルちゃん」、そして少しのおままごとセット。

ここに収まるだけしかおもちゃは持たないと決めて収納していますが、まだ上段2つに余白あり。

字が読める長女には平仮名のラベルを貼って、それを見ればそれぞれの場所へ戻せるように。まだ読めない次女にも「○○のお部屋」という感覚でひと目見ればわかるザックリとした収納にして、どちらもかんたんにお片付けができるように。

姉妹喧嘩の始まりは、大体このおもちゃが引き金です。

## MINI COLUMN　自分時間の過ごし方

自分だけの時間は取れるときと取れずじまいのときがありますが、これはもう夫の理解と協力なしでは成立しない貴重な時間です。

平日、仕事からの帰宅が早いときはなるべく子ども2人をお風呂に入れてもらって、その間に好きなドラマやバラエティーの録画を見たり、寝かしつけをお願いしてみんなが寝た後にゆっくりと1人だけでテレビを見たり、コーヒーを飲んだり。

ほんの少しでもいいから子どもと離れて1人になって、ダラ〜っとできる時間を意識して作るようにしています。

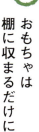

# 10 河合絵理さん

KAWAI ERI

## ささやかな変化を楽しむ日々です。

大阪の端っこ。築35年の中古住宅を一部リフォームしました。30代主婦のわたしと夫＋3人の子ども（長女8歳、次女6歳、長男4歳）。小さな子どもとの暮らしのなかで、どうすれば昨日よりよくなるか、ささやかな変化を楽しむ日々。すっきりしながらも、使いやすさ・しまいやすさを大切に、まだまだ模索中。毎日の繰り返しを楽しむことが、今の目標です。

Instagram user name
「erifebruary10」
https://www.instagram.com/erifebruary10/

**家族構成**
夫、自分、長女8歳、次女6歳、長男4歳

**住まい**
4LDKの築35年の中古住宅、一戸建て

**家事の工夫について**
やるべきことは、午前中に。あれもこれもと頭がいっぱいにならないように朝に書き出しているので、目の前のことに集中してするように心掛けます（午後からは余力で……）。

2017年 05月 31日　家事

### わたしが暮らしを追うように

お昼ごはん終わりの台所。

毎日同じようで、毎日違う家事。子どもも今日と明日はそんなに違わないのかもしれないけれど、1週間、1カ月も経つとすっかり変わっていることもある。そんな小さいけれど、ささやかな変化を楽しめるように暮らしたい。

いつも時間や子どもに追いかけられてばっかりだけれど、わたしが暮らしを追えるようになれたらいいなと。

「今日できることは何かな」「今やれることはないかな」。意識を〝いま〟に向けて。

▶ 2017年 11月 10日

部屋

## 暮らし始めてから気付く

お昼過ぎまで、暖かな光が入ってきます。お天気の日には、こうして窓辺に布団を並べて。

みんなが集まる居間。きれいにしていたいけれど、だからといってピリピリしたくないし、好きなものや本は手の届くところに置きたい。不便では意味がないし、使いやすく、しまいやすく。子どもの性格や、動線を見ながら少しずつ小さな改革。

この家に引っ越してきてよかったなぁと思うのは、どの部屋からも緑（外）が見えること。閉塞感がなく、ちょっと外に目を向けると木々が見えて風が吹いているのがわかったり、鳥がとまっていたり、いい距離に人が通るのが見えたりすること。

住み始めたときには気付かなかったこと。暮らし始めてから（または、時間がたってから）よかったと思うことがたくさん。

▶ 2017年 12月 06日

部屋

## 我が家の玄関収納

今日は、玄関全部出しと、庭回りを。

うちの玄関は5年前にリフォームしたときに増築しました。玄関を広くするというのは、私の希望のひとつでした。

靴箱は、木工作家さんにサイズや扉の有無も相談しながらオーダーして作ってもらいました。あえて低めの作りにし、わたしの手の届く高さにかごを置いて、レジャーシートや雨グッズをざっくりと収納しています（これがすごく使い勝手がいいです！）。

引っ越し当時使っていた、3歳と1歳の娘のベビーカーを置くスペースも確保（現在は防災グッズ置き場に）。

壁には家族で漆喰を塗った思い出もあり、空気がこもりがちな玄関もすっきりした大好きな空間に仕上がりました。

月曜日は玄関掃除をしっかりする日と大体決めています。

## すぐに出して戻せるもの

モノとの付き合い方。好きなものや、たくさんあっても管理できるのならば持っていてもいい。どこに何があるのかわかっていて、すぐに取り出せるならいい。

子どもに関しては……。なかなか片付けられない次女、長男には出しておくものの量を制限する。よく遊ぶものに限定して

リビングに。毎日繰り返し使うものだけを置く。きちきちでなく、さっと戻せるように余裕のある入れ物に。

少ないと、しまいやすい。テクニックもいらない。

これから誕生日、クリスマス、年末にかけてまたモノが増える予定。ゆっくりと一緒に見直していこう。

### MINI COLUMN 毎日の時間割

| | |
|---|---|
| 4:30 | 起床（冬は4:50頃）<br>夫の朝食、2人分のお弁当作り |
| 5:30 | 白湯を沸かす<br>1日のやることリストを書く（予定を確認） |
| 5:50 | 夫出勤 |
| 6:25 | テレビ体操 |
| 6:50 | 朝食・1回目洗濯 |
| 7:40 | 長女通学、天気がよければシーツなど大物を洗濯、次女・長男身支度、朝食 |
| 8:30 | 掃除機 |
| 8:40 | 次女通園 |
| 9:00 | 買い物、できれば1日1カ所、ていねい掃除、晩ごはんの下ごしらえ |
| 11:30 | お昼ごはん |
| 13:40 | 次女お迎え<br>そのまま外遊び |
| 15:00 | 長女帰宅・おやつ |
| 17:00 | 晩ごはんの仕上げ |
| 17:30 | お風呂<br>晩ごはん（冬は逆になる場合も） |
| 19:00 | 片付け<br>タオル類の洗濯 |
| 20:00 | 長女・次女寝室へ |
| 21:00 | わたしと長男寝室へ |
| 21:30 | 夫帰宅、晩ごはん |

2017年 12月 16日

家事

# 何もしない時間

土曜日のお昼ごはんの後。使った器を乾かしながら……平日にがんばったみんなの、ちょっとしたゆっくりする時間。うとうとしたり、借りてきた本を読んだり、何もしないでぼ～っとしたり。静かな時間（音楽もテレビも話し声も）って、ほとんどない。

休みになって天気もよかったら、つい出かけようか！　とまたがんばってしまって、やりたかったあれこれや、休ませたかった体を休ませられなくて、週明けに疲れを持ち越してしまうこともある。

「だら～ん」は、つぎにがんばる助走の時間。元気な子ども達がいると、なかなか静かな時間はないけれど、ほんの少し、久しぶりの無音の時間は心地よかった。

2017年 12月 18日

家事

# 今は、今

毎日、毎日が苦しかった頃は、自分への評価がきっと厳しすぎた。これはできる（はず）。ここまではできる（はず）。がんばればできる（はず）。自分が我慢すればできる（はず）。

子どもと暮らす日々は、ある意味単調で、わりと閉鎖的。出口の見えないトンネルに入ってしまったように先が見えず、終わったと思ったら次があって、いつまでも続いていく。「しんどい」と言ったらだめな気がして、いつ休んだらいいのかわからなくて、気持ちも体もいっぱいいっぱいだった。

思い返せばそんな苦しいような子育てをしてきたけれど、べったり、どっぷり一緒にいてよかったなと、思う。こんなにも一緒にいて、あんな顔もこんな顔も見てきて、これから大きくなっていくなかで、この底辺の時代はわたし達の糧になるはず。ささやかながら、そんな気持ちになれた。

今、すごくしんどいお母さん。わたしもまだ片足分くらいはしんどい部分はあるけれど、これからは違った世界もあって、ずっとずっと今のままではないんですよ。小さい子どもはいつか大きくなります。もっとこうすればよかった、そう思う人もいるかもしれない。

わたしはその面では、これ以上できることはなかった。やるだけやったよ、って子どもに言える。それだけが強み。これからは子ども達が自分自身の力で成長していくことのほうがずっと多くなる。

今できることは、今。今しかできないと思えば……。今日も大切な一日になる。

▶ 2017年 12月 23日

家事

## 今年も無事終わり

昨日で小学校、幼稚園も終わり。今日、長女の少年野球の納会も無事終わり。

明日からようやく、冬休み。

さあ。手と体を動かして、ポカポカのおうちで一日にひとつ、何でもいいから作り出せたらいいな（おやつでも、ごはんでも、きれいな空間でも！）。

▶ 2017年 12月 25日

家事

## 我が家のクリスマス

昨日の夜、「サンタさんに会ってしまったらどうしよう……。怖い」と布団にもぐり込む末っ子。次女は、「○○ちゃんが言っててんけど、煙突のない家にはサンタさん入れへんから、玄関のドアに鍵さしといたらいいねんて～！」。一同「不用心……」。「大丈夫！　サンタさんへ♡　って書いといたら！」。そんな我が家へも、無事サンタさんが来ていました。

朝から晴れているのに雨のクリスマス。こんな日は、ゆる～くのんびり過ごします。

## ▶ MINI COLUMN　自分時間の過ごし方

ここ最近、ようやく意識してとるようになりました。以前は我慢しすぎて、気持ちも体もすっかり疲れていました。平日は週に1回程度、長男を一時保育に預けて体を休めたり、やりたかった家事をゆっくりします。夫のいる休日は、近くのカフェなどに逃げ込んで、ひたすら無音の時間を満喫します。家のことを気にせず過ごす時間はとても貴重です。

時間ができたら１人で逃げ込むカフェ。

▶ 2017年 12月 27日

子ども

## おまかせするときは

「ママ、何かお手伝いない〜?」と言う2人におまかせ。

最初にきちんと大切なことを教えること。続けること。それを見守ること。繰り返し、繰り返し。


大人だって1回聞いて、すぐにはできない。何度も挑戦してできることも。何度やってもなかなかうまくならないことも。

それぞれの、得意ののびしろのお手伝いができたらな。

▶ 2018年 01月 06日

子ども

## 親子ともにステップアップ

最近は、「もうだいぶラクになったね〜」と言われることが多いけれど、「一度もラクになったなんて思ったことはない!」と少し前までは思っていました。

でも思い返すと、ひと時も目を離せない時期や、おんぶしないと泣き止まない時期も、睡眠時間を削ってでも家事をしないといけない時期も、いつの間にか終わっていました。

乳幼児のときは、一生この生活が続くのかと思っていたけれど、一生は続きませんでした。次から次へと新しい問題はでてくるけれど、今日の悩み、今の悩みはずっとは続きません。

この子ももうすぐ4歳。末っ子だから、いつまでも赤ちゃんのような気持ちでいてしまうけれど、ゆっくりだけど自分のことは自分でできるようになっている。


横に並んで成長を見られるのも今のうち。4月から幼稚園に入ると、わたしは少し離れたところから見守るのみ。また親子ともステップアップの時期がきました。春までに、地道に準備しよう。

# 11
# YOKOI YOKOさん

YOKOI YOKO

福井県在住。屋上のある3階建のマイホーム。仕切りのない2階のリビングが気に入り、1週間で決め、2012年9月に結婚と同時に購入しました。とにかく楽しければいい！という楽観的な性格で、おうち選びも迷いなくフィーリングで決めました。広くないおうちなので工夫しながら暮らしています。

## 楽しみながら、工夫して暮らしています。

Instagram user name
「___yoko.rty」
https://www.instagram.com/___yoko.rty/

楽天room
https://room.rakuten.co.jp/room___yoko.rty/items/

PRESSブログ
https://pressblog.me/users/___yoko.rty/

**家族構成**
夫、自分、息子3歳

**住まい**
2LDK＋屋上テラス　築5年の一戸建て

**家事の工夫について**

自分の暮らしを見極めて、いるもの／いらないもの、やること／やらないことを明確にしています。お風呂に入っている時間を利用して掃除するので、お風呂スリッパは不要！　キッチンマットや玄関マットも同じです。小さい家だからこそ、常に見直し、ため込まない暮らしを心掛けています。

2017年 03月 27日　部屋

### おもちゃはざっくり収納

楽しみながらお片付けできるよう、我が家は子どもにもできるざっくり収納ばかりです。子どもが片付けやすい環境作りが大事！

また、我が家は日中や土日に部屋がちらかっていても気にしません！　ただ、子どもや旦那が寝静まった後、片付けます。自分がハッピーになれるお気に入りの収納でそろえることで、きれいにする楽しみができてストレスがたまりませんよ！

2017年 04月 29日

子ども

## フレキシブルに使える場所

こちらは2階のリビングの一角です。

とても明るい空間なので、春夏はキッズルームに！　おうちで人が集まることの多い冬は、ダイニングスペースに！　とフレキシブルに模様替えできるところが気に入っています！

昔からブルーが大好きだったので、壁は友達と2人で塗りました！　細かいことは気にせず、とにかく楽しく暮らしています。

2017年 07月 28日

部屋

## 息子が届く位置に

お出かけ用のアイテム収納や消臭スプレーは、子どもも使える高さに。帰宅時はここですぐ消毒！

何でも自分でやりたいお年頃なので、子どもの高さに合わせて配置したり、踏み台を設けて手洗いや台所にも立てるよう、親子で一緒にやれるように工夫しています。

### MINI COLUMN　毎日の時間割

| | |
|---|---|
| 6:00 | 起床 |
| 6:30 | 朝食 |
| 7:30 | 保育園へ見送り<br>仕事へ |
| 14:00 | 仕事から帰宅<br>家事タイム |
| 16:00 | 保育園のお迎え |
| 18:00 | 夕食 |
| 19:00 | お風呂タイム |
| 20:00 | リラックスタイム |
| 21:00 | 寝室へ（息子の寝かしつけ） |
| 22:00 | 旦那帰宅<br>夫婦時間 |
| 24:00 | 就寝 |

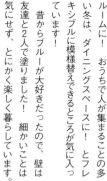

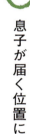

2017年 08月 30日

子ども

## 大好きな遊び

せーのっ、ピョーン！　はい、この遊び。この1年欠かさず毎日やってます（笑）。ちなみに私も旦那も一緒に飛べと言われます。やりますよ。何回天井に頭ぶつけたかわかりません。いつか天井に穴が開くと思う。

絵本棚はあえて寝室に配置。読書や読み聞かせは寝る前にすることがほとんどなので、ここに設置して正解です！　いつも自分で好きな本を選んで持ってきてくれます。

就寝前の時間は親子でリラックスできる最高の時間です。

2017年 09月 21日

家事

## 大人も子どもも楽しめる空間作り

我が家の子ども部屋は1階にあります。2階がリビングということもあり、動線的にも子どもも部屋でよく遊びます！

子どもはもちろん、一緒に過ごす私にとっても心地よい空間にしたかったので、自分の好きなテイストで、少しファンタジックな感じに。

お月様ライトはイケア。子ども部屋っぽい感じが気に入っています。おうち型のハンガーラックはインスタグラムでもよく質問がくるのですが、恥ずかしながら自作です。

2017年 09月 29日

部屋

## 我が家の決まり

出しっぱなしの靴は1人1足まで。これは実家で暮らしていた頃からの決まりで、子どもの頃から口酸っぱく母に言われていたので、気を付けています。

自分も母になってその意味がわかり、玄関は特にモノを散乱させないように気を配る場所になりました。

2017年 10月 28日

子ども

## ハロウィンのゆる仮装

スナフキンとリトルミイならぬ、ビッグミイ（笑）！

息子の帽子は友人によるハンドメイド作品♡ 私の服は、楽天で1000円のリブニットとユニクロの999円のフリルスカート。

家にあるもの、普段着ているもので、がんばりすぎず楽しむのがモットーです。

▶ 2017年 12月 03日

子ども

## 思い出のプレゼントを息子にも

1

2

私が子どもの頃、お父さんが作ってくれたアドベントカレンダーのひもくじバージョンを今年は息子に作りました。

中には斜めにダンボールを付けて、ストンとお菓子が出るようにすべり台みたいになってます1。当たりは「シュライヒ」のフィギュアを入れました。

子どもの頃、どんなクリスマスプレゼントよりうれしくて楽しくてワクワクしたので、息子にも作ってあげたいなぁと思い、今年は息子もわかってくれそうなので作りました。

ダンボールに白い紙を貼り、つまようじの両端を切ってストッパーにして、ひもにお菓子を吊るしました♡　あとは家にあるもので装飾。喜んでくれてよかったー♡

1日3回までやで！　はもう通じてません。夫婦で息子のために作る時間、息子の喜ぶ顔、私にとっても楽しいクリスマスになりました。

▶ 2017年 12月 20日

部屋

## 過ごしやすいリビング

家を建てた頃は少しシックなインテリアが好きだったのですが、子どもが生まれて一緒に暮らしていくうちに、今の雰囲気に落ち着きました。子どもがいることで見た目よりも使いやすさ、過ごしやすさを重視するように。

最初はダイニングテーブルやローテーブル、ショーケースもガラス製でしたが、断捨離して、子どもも安心して過ごせるリビングになりました。

子どもがいるとモノも増えますが、何が今の暮らしに合っているか、断捨離や見直しをするように。

「子どもがいる暮らし」は、私にとって家を整えるきっかけになりました。

2018年 01月 21日

部屋

## 手作りのハンガーラック

写真左のハンガーラック、ホームセンターの木材を組み合わせた自作になります。太い丸棒1本（ハンガーを掛ける部分）、細い丸棒2本（下の支えの部分）、長方形の角材4本（右左2本ずつ）、長めのクギ、クギ穴を隠すための木と同じ色のシール。瞬間接着剤も使いました。3000円くらいでできました。

カットしてもらうのは下の支えの細い木材だけなので、ホームセンターでカットしてもらってから家で組み立てました。

息子が自分で使える高さのハンガーラックにして正解！

2018年 01月 30日

子ども

## パズルがちらからなくなった

息子はパズルが大好き！ でもパズルってちらかるし、結構片付けにイライラするおもちゃ！

なので、100円均一のビニールネットケースに入れています。二方向に開けられるものなので、パズルの出し入れにちょうどいい！ サイズはB4です。

同じような種類のパズルには裏に印を付けています。このビニールネットケースも印を付ける技も先輩ママから盗んだものです。ちゃんとモノに住所を作ると、おもちゃも大切にできますね。

### MINI COLUMN 自分時間の過ごし方

仕事が14時に終わるので、保育園のお迎えまでの2時間が自分の時間になります。ほとんどは、家事、夕食の支度をしていますが、友達とお茶したり映画を見たり、疲れている日は仮眠をとったりと自分のリセットの時間に使っています。この時間にInstagramや楽天ROOMの更新をすることが多いです。

夕食の支度をしたり、自分のリセットに。

# 12
## kikiさん
KIKI

# DIYで家族がくつろげる家に。

大阪府在住の30代専業主婦です。家族4人暮らし。大好きな植物に囲まれて、家族がくつろげるおうちになるようなインテリアを心掛けています。モノは多くてもすっきりと見える収納をしていきたいです。子どもが生まれて、やはりモノがすごく増えました。洋服やおもちゃなどの置き場所や収納方法を考えるようになり、今のインテリアに落ち着きました。

Instagram user name
「kiki_nekko」
https://www.instagram.com/kiki_nekko/

**家族構成**
夫、自分、長女8歳、長男5歳

**住まい**
4LDKの中古住宅（築20年・一戸建て）

**家事の工夫について**
午前中には掃除、洗濯を終わらせています。モノの置き場所を大体決めているので、大雑把な収納ですが子どものおもちゃなどは片付けもラクちんです。

2017年 04月 12日　部屋

### 玄関の棚前をDIY

玄関の棚前の板壁にしている場所に、セリアで買ってずっと放置していたフックとナンバーのパーツを付けました。
この1、2、3のやつ。後ろが釘みたいな状態で、どうやって使うかわからんけど好きな感じやから買っとこうと買ってたもの。長いこと放置してましたが、ちょっと浮かせた状態で壁に無理矢理打ち込んで、なわとびや帽子くらいなら掛けれるようにしました♪

2017年 04月 16日　部屋

## 息子のトミカ用の車庫

今日は時間があったので、家にあった木箱にカットした板を貼りあわせて息子のトミカ棚を作りました。
もう4歳やけど、まだトミカ好きな息子。小さいときに作ってあげたらよかったんやけど、今さらな感じですが、喜んでくれました。

「カーズ」のマックイーンなんか、小さいときに毎日ずーっと握っていて、寝るときもずっと一緒やったので、かなり塗装がはげてるけどまだ大事にしてくれてます♪
ずらーっと並べたがって、いつも場所をとっていたので車庫ができてよかった。

2017年 05月 15日　部屋

## 引き出し付きの棚をDIY

セリアの木箱と板を使って、引き出し付きの棚を作りました。「ブライワックス」を塗った後に、引き出しの前面だけ白にペイントして革の取っ手を付けてみました。
しょっちゅう消しゴムをどこに置いたかわからなくなる娘と、しょっちゅう「絆創膏を貼って！」とねだる息子もここに入れてあるよ～」と教えたら自分で取り出してます。
中はセリアの小さなブリキのケースがちょうど3つ入ったので、こまごましたものを分けて入れてます。ブリキケースを入れても奥行きにまだちょうどいい隙間があるので、そこに収納してます。

2017年 06月 09日

子ども

## 息子のお手伝い

最近ふと気付いたら、息子がグリーンに霧吹きしてくれてて助かります。今日も朝からシュッシュッ。毎日やってくれぇい。

2017年 08月 03日

部屋

## 子ども部屋もDIY

こつこつ作ったガーランドと昨日買った雑貨を飾って、ニトリの敷きパッドを敷いてみました。ガーランドはめっちゃずぼらな作りで、縫ったりしてなくて。型紙を作って白い布を全部同じ形に切って、接着剤で布とひもをくっつけただけ。自分の家用だし、これで十分、ひもと布と接着剤があれば誰でも作れます。

▶ 2017年 08月 20日

部屋

## 子どもの身だしなみグッズ置き場

カインズの「スキット」浅型で収納を見直しました。

玄関に山善のボックスを置いて、子ども達の身だしなみグッズを収納しています。我が家はランドセルや学校の帽子もまとめて玄関に置いてます。

今までは収納ケースのサイズが合ってなくて、ぐちゃっと感が。あと、娘と息子のハンカチを同じケースに入れていたのですが、今回の見直しで別々にすることができました。

上の段にはそれぞれのハンカチポーチ、下の段にはそれぞれのハンカチやティッシュを収納しました。ほんまに、どこもすっきりきれいになりました。

▶ 2017年 08月 21日

部屋

## つかの間のきれいなリビング

もうすぐ終わる夏休み。あっという間やったなぁ。

早く学校始まってくれ！と思ってたけど、いざ終わるとなるともっと色んなところに連れてってあげたらよかったなぁって。お母さんあるある？

写真は母が子ども達を連れ出してくれた間に、急ピッチで片付けたリビング。この後すぐにちらかりました。それも夏休みあるあるやね～(笑)。

2017年 10月 05日

家事

## 慌ただしい10月

今日は娘の遠足♪ 10月はお弁当を作ることも多くて、運動会、遠足、運動会、参観、学校のカーニバルと、幼稚園児と小学生で行事がたて続けに。代休や祝日もあるので、母は若干パニくってます(笑)。

あっという間に終りそうな10月。今日も一日がんばりましょーっ。

2017年 10月 24日

部屋

## 息子が欲しがったもの

今日は少し寒くてコタツを出そうかと思ったけど、寒さよりめんどくささが勝ちました。絶対抜け出せんくなるやろな。でも寒いし、明日には出そうかなぁ。

写真は玄関。壁に掛かってるGUの革ジャン。5歳の息子がどうしてもほしいと、買わされました。革ジャンを着ながら、すました顔で鏡を見ては満足気な息子。

ヤバい。絶対ナルシストだ。見なかったことにしよう。

2017年 10月 30日

部屋

## コタツの色が薄くなったけど……

まだ外は薄暗い。台風の影響で給食が中止になったので、お弁当作りにとりかかります。

コタツの天板、息子が鉛筆で落書きしたのを消しゴムで消したら、1枚の板の色が薄くなりました。それもなんとなくワザとっぽく見える？(笑)

今日はひたすら洗濯すっぞー！　今週もがんばりましょう。

2018年 01月 17日

部屋

## 画用紙で目隠し

買い足した無印良品のPP収納ケース。子どもの洋服類を入れてるものの、やっぱり中が透けてると「入ってまっせ～」っていう圧がすごいので(笑)、画用紙をカットして中に入れて目隠ししました。絶妙な感じに見えてるものの、やっぱりすっきり。

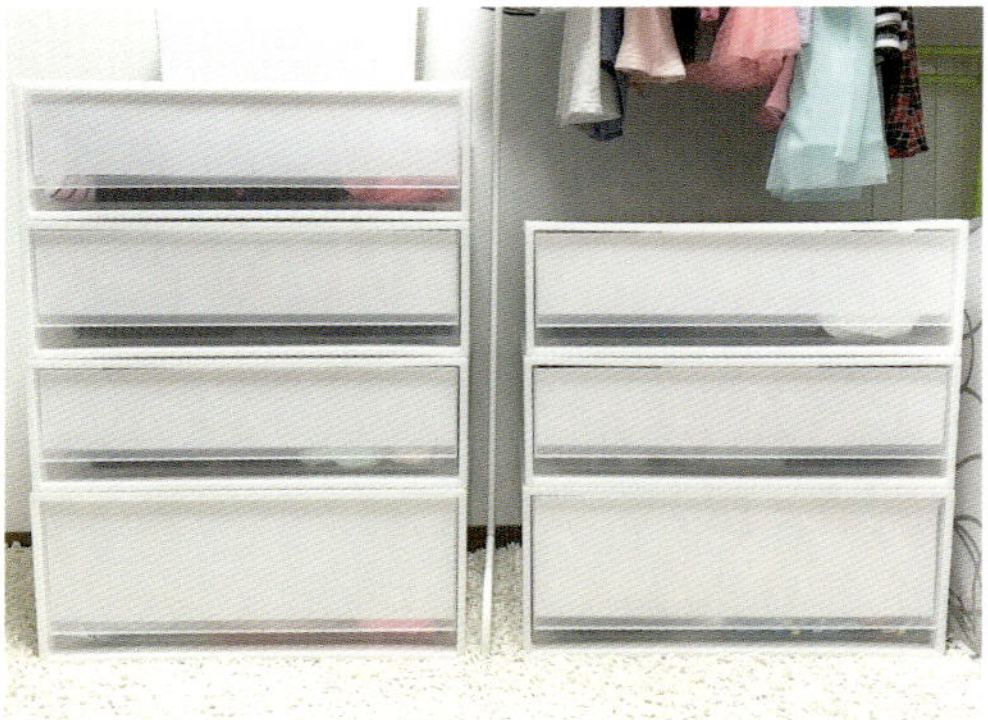

### MINI COLUMN　自分時間の過ごし方

自分だけの時間は毎日作っています。子ども達が寝てからの時間で、大抵リビングでアロマをたきながら本を読んで過ごしています。育児や家事という仕事を終えて、リラックスできる時間です。

子ども達が寝た後にアロマを楽しんでいます。

# 13
## マキさん
MAKI

# 子どもと一緒にシンプルな暮らしを楽しむ。

シンプルライフ研究家。5歳と9歳の娘、夫と4人暮らし。東京都在住。広告代理店勤務のワーキングマザー。不要なものは持たないシンプルな暮らしを綴ったブログ「エコナセイカツ」主宰。『しない家事』（すばる舎）や『母から子に伝えたい 持たない四季の暮らし』（大和書房）、『ゆるく暮らす　毎日がラクで気持ちいい、シンプルライフ』（マイナビ出版）など著書8冊、累計発行部数は20万部。全国のNHK文化センターでの講演活動や、アパレルブランドの商品コラボなどで幅広く活躍中。

➡「エコナセイカツ」
http://econaseikatsu.hatenadiary.com/

家族構成
夫、自分、5歳と9歳の娘

住まい
2LDK（59平米）

▶家事の工夫について
しない家事を増やして家族時間を増やしています。

▶ 2016年 02月 29日　子ども

## 子どものおもちゃ

子どものおもちゃの適量ってどれくらいなんでしょう。

長女が小さかった頃はとにかくいっぱいありました。今より広い家に住んでいたので、「アンパンマン」のすべり台付きジャングルジムとか、マイクつきキーボードとか。その頃に比べるとだいぶ少なくなったかな。

現在は、長女はプリンセス系、動物好きの次女は「レゴ」がメインで遊んでいることが多いです。

おもちゃは、私だけで決められるわけでもないので色々失敗をしながら試行錯誤しています。買っては手放し、買っては手放しの繰り返し。年齢とともに使わなくなるものも多いです。

でも、ひとつわかったことは、兄弟の存在はおもちゃ以上の効果があるってこと。2人で仲よくごっこ遊びをしているときって、そんなにおもちゃは必要じゃない。ふとんで秘密基地を作ったり、おりがみでお店やさんごっこしたり。子どもの想像力って無限大。おもちゃは脇役でいいんだと思います。

2016年 07月 30日

子ども

# 子育てに悩む時間を確保する

育児をして初めて、自分の思い通りに物事が進まないことを痛感しました。特に8歳になる長女の育児は、何もかも、経験する全てが初めてのこと。私のママ歴と同じなので、うまくいかないなぁと思うことが多いです。

昨日は「なんで妹ばっかりかばうの!!」と怒られました。

言葉につまり何も言えなくなってしまう私。仕事なら割り切って上手いこと切り抜けるんだろうけど、子どもは本気で気持ちをぶつけてくるから、「でも、だって」という言い訳は望んでないんですよね、きっと。

子育てって正解がないから難しい。だからこそ、正面から向き合わないといけないんだなぁと思っています。うーん、難しい年頃。と思っていたら、やっぱりそういう時期なんですね。

子育ては、人がからむ分迷うし、考えることも多いです。そこに時間を使うのは、無駄じゃないと思っています。だからこそ、家事はなるべく「しない」という選択をしたいです。自分で決めた一番のために、ほかのことはしなくて済むように仕組み化すると、心はずいぶんラクになるなぁと思います。

2017年 03月 10日

家事

# 防災対策と防災グッズ

東日本大震災から6年。我が家の防災対策についてまとめてみます。

我が家の防災グッズはキャリーケースひとつ分です。

去年、防災アドバイザーさんの講演を聞いたのをきっかけに、防災意識がかなり高まりました!しょっぱなから、「セットで売っている防災リュックの中身なんて、使えるのは三角巾だけですよ」と言われて、腰を抜かしてしまいました。

例えば、「救急車は来られません、行政も3日間当てになりません（職員も被災者、72時間は人命救助を優先だから）」という話を聞いて、家族を守るのは自分しかいない、という事実を突き付けられました。

さて、我が家のボックスの中身を少しご紹介します。これが全て正しいわけではなく、私もまだまだ足りていないものがたくさんあります。今後見直ししながら足していけたらと思います。

水があればご飯が食べられる「マジックライス」。ミネラルウォーターはローリングストックとして常備しています。1日1人最低3リットルは必要らしいのです。我が家はローリングストックで増えたり減ったりするので5～6日分しか置けていないのですが、理想は7日間分、4人分で84リットル以上あるといいと言われました。

コンロ下にはガスボンベとガスコンロも入れています。

あとは、何と言っても頭を守ること！　頭の出血は止血が困難だからだそうです。だからヘルメットなんですが、普通のヘルメットだとかさばるんですよね。でも折り畳み式のものが売られています。

色々そろえようと思ったらキリがないのですが、突然起こったときに後悔しないように、少しずつ集めていきたいと思います。

▶ 2017年 03月 25日

子ども

# 子ども服の選び方

成長が早くすぐ汚れるので、子ども服は消耗品と考えて、基本的にファストファッションでシーズン初めにひと通りそろえます。

シーズン中に足りないものがあるたびにお店に行くと、誘惑に負けて余計な洋服を買ってしまいがち。結局数回しか着ないと捨てどきがわからず、シーズン終わりにまだ着られるかも？と一応とっておくものが増えます。

まとめ買いすると、ある程度トータル金額が大きくなるので、慎重になります。でもちょこちょこ買いだとファストファッションの場合は安く感じてしまい、余計な1枚をついつい買っちゃったりします。でも積もり積もって結構な金額使っているのです。

だからシーズン初めのまとめ買いは案外節約になるし、洋服の寿命をしっかりまっとうできます。

そして、パターン化もおすすめです。例えば長女（8歳）の場合、無地のトップスに柄スカート。長女がデニムパンツをはいたり、ボタン付きのシャツを着たりということはありません。

理由は、複雑になるからです。管理もそうですし、特に洗濯を干す側の私の作業をラクにするためでもあります。毎日同じ形を干すというのは、ハンガーやピンチの数を考えなくていいので、小さなストレスがなくなります。

▶ 2017年 08月 22日

子ども

# 子どもの習い事

小学2年生から長女はバレエを習っています。本人は楽しく前向きに通っていて、私は応援したい気持ちでいっぱいです。

働くママにとって、習い事問題は悩ましく、保育園時代は何も習わせていませんでした。

保育園の頃は周りに習い事をさせている子が少なかったので娘も気付かなかったんですが、小学生になり、幼稚園に通っていたお友達のほとんどはみんな習い事をしていたからでしょうか、「何でもいいから習い事したい」と言うようになりました。

でも、働いていると送り迎えの問題があり、通わせることが難しかったので、キッズラインで英語を習うことにしました。

その後の娘は、フラフラしていました。「○○ちゃんと同じピアノに行きたい」「みんなが行ってるからそろばんやりたい」など。本気でピアノやそろばんをやりたいわけではなく、放課後も一緒の空間にいたいだけだなぁと感じていたので様子を見ていました。

そして2年生のときに突然、「私バレエやりたい」と言ってきました。「お友達がやってるからじゃなくて?」「違う、誰も知らないところでいい、バレエをやってみたい」と。

これは本気だと思いました。なので早速見学に行ってみることにしました。知らずに行ったところが、スパルタなところでしたが、でも本人は「やりたい！入りたい！」というので、外の世界でも精神的に鍛えてもらうのも悪くないなと、習わせることにしました。

そして、どうせやるならお友達作りのような軽い感覚じゃなくて、本気でバレエを身に付けて欲しいと、週2回通わせています。

結果、週2回本気のバレエをやらせてよかったと思いました。家でも歩くたびに足を上げたりストレッチをしたり、暮らしの中にバレエが溶け込んでいるのがわかります。

2017年 09月 01日

部屋

## サニタリールーム

我が家のサニタリールーム。

バスマット兼お手拭きは、以前のものがヘタってきたので、この大判リネンに変わりました。①バスマット兼お手拭き、②洗濯中、③キッチンのお手拭き用、④洗濯中、と4枚とも毎日フル稼働しています。

無印良品のフックと洗濯ネットがこんなふうに掛かっているのは、脱衣所で洋服を脱ぎながら洗濯ネットへ仕分けしているからです。下着とか傷ませたくないお洋服とかをネットに入れて、最後は裸の状態でファスナーを閉めて洗濯機の中へ。洗濯機が洗濯かご代わりです。我が家には洗濯かごを必要とする仕組みがないので持ちません。

また、バスタオルの収納場所も持ちません。収納するほどの枚数を持っていないからという理由です。なので、いちいち畳む必要がありません。バスタオルは、同じものが4枚あるだけです。だから、こんな風にのれんのように、この突っ張り棒に掛けておくだけだけです。

お風呂上がり、体を拭き終わったら即洗濯機の中へ。そのまま洗濯し、干して乾いたら夕方この突っ張り棒にひっ掛け、またお風呂上がりに使う→洗うをひたすら繰り返します。毎日洗って、自然乾燥させるから、速攻乾くガーゼタオルを使っています。

2017年 11月 14日

家事

## シンプルライフのすすめ

シンプルライフは今の時代にマッチしているなぁと思います。何故なら、シンプルな暮らしで時間と心にゆとりが生まれるからです。

きっと、あと5分時間に余裕があったら、心にゆとりが生まれて子どもに優しく対応できるかもしれません。

だから忙しいママこそ、シンプルライフなんです！

忙しいからとさまざまな時短グッズを持つと、余計に暮らしは複雑になって時短とはほど遠くなる気がします。何故なら、グッズに頼ると一瞬は時短になるかもしれないけど、その前後があるということに気付いていないと痛い目にあうからです。

過去の私の話をすると、以前はミキサーを持っていました。フレッシュバナナジュースを飲みたくて手に入れました。バナナが10秒でなめらかなジュースになるんです。「おぉ、なんて時短なんだ！」と思っていました。

でもバナナジュースを作るために皮を向いて、冷凍庫から氷を出して、冷蔵庫から牛乳を出して、バナナの皮をむいて、ミキサーに入れて、ここでようやく10秒シェイク。で、終わったら今度は容器の洗い物が待っています。うちには食洗機がないので手洗いです。お椀のようにスルッと洗えないし、水けを取るのも重労働。そんな前後の手間と引き換えのバナナジュース。

それで気付いたんです。とれる栄養が一緒なら、バナナと牛乳をそのまま食べたほうが時短なんじゃないかと……。

一連の作業にかかる時間と手間を天秤にかけてトータルで考えます。私の場合は、それでホームベーカリーやフードプロセッサーなどの家電を手放すことができました。

最低限、包丁とまな板があれば、案外何でも作れるし、一番シンプルで洗い物がラクだと思います。忙しいと感じている人ほど、暮らしをシンプルにすることをおすすめします。

2017年 12月 31日

子ども

## 理想のお母さんって？

誰しも理想のお母さんってあると思います。怒らないお母さん、いつも笑顔のお母さん、子どもの話を聞けるお母さん。実際は、理想と現実が違いすぎてへこむ日々が多いものです。だから苦しむんですよね。

でも、思い描いている自分の理想と、実際自分がする現実の差が小さければ小さいほど、へこまなくても済むかもしれないなと思うんです。

例えば、叱るときは、低くて静かな声で叱ります。子どもと目が合ったときに、口角を上げます。学校や保育園からの帰り道、給食の話をします。お風呂につかってる間、今日何で遊んだか聞きます。

漠然と考えると、行動に移せないことが多いけど、こんな風に具体的に決めるとできそうな気がしませんか？

何故そんな話をしたかというと、仕事を通しての実験で感じたことがあるからです。

私は広告代理店のプランナーをしています。行動したくなるほど、衝撃的に人の心を動かすのが仕事。私の文章を読んで、その後の人生を決める人がいます。前向きな働く人を増やす、そんな仕事。たくさん文章を書いて、たくさんの人の反応を見て気付いたことです。それは、言葉がより具体的だと人の心を動かしやすいことです。

自分の理想を探すときは、より具体的な言葉を選ぶといいと思います。いつも笑顔のお母さんは難しいけど、子どもと目が合ったとき口角を上げたらいいんです。何のための理想や目標なのでしょうか？　その行為の本質が何かを理解することです。

2018年 01月 09日

子ども

## 今年の目標は子どもの教育

今年の目標は「子どもの教育」です。下の子がもうすぐ5歳になるので、なんとなく育児が終ってしまった気がしています。私がお世話らしいお世話をしなくても1人で身の回りのことはできるようになってしまったので、今度は「育てる」の質をレベルアップさせて「教育」のほうにシフトしていきたいなと目標にしました。

教育といっても、私も子どもの教育に関しては素人なので、色々試行錯誤してという感じで、できそうなことを取り入れていきたいなと思っています。

ちなみに長女に関しては、今年小学校4年生になるので、夫と塾にお任せし、次女については小学校に上がるまでの今年1年間は、私がある程度教えていこうと思っています。

教えるといっても、いわゆるお勉強のような先どり教育ではなくて、日常生活のなかで発展できそうな学びです。足し算引き算の問題が解けるより、生きてくうえで大切なことを教えたほうが、よっぽど役に立つと思うんです。

写真は次女のバッグの中身です。新幹線の車内でスマホやゲーム機を与えなくても、色々楽しく暇つぶしという名の学びができるセットです。

2018年 01月 17日

部屋

## 家具やモノの選び方

ディノスの「国産ひのきディスプレイラック」、とってもよかったです!

私のモノ選びのポイントは、3つ。

①多用途である
②素材にこだわる
③長く愛せる

まさに、この国産ひのきディスプレイラックは3つに当てはまり、ドンピシャでした。素材にこだわった国産なので、届いたときにひのきのいい香りが部屋中に広がりました。

すごくしっかりした作りなのに、持つと軽いことに驚きました! だから1人で模様替えもラクラクです。

シンプルなラックなので、どんな場所にもマッチするのがポイント。今後ライフスタイルが変わったり、引っ越ししたりしても長く使えそうなところも気に入りました。

一時期は子どものおもちゃ入れとしても使っていました。角に丸みがあるので、小さなお子さんがいても安心です。作りが丈夫なので重いものを乗せてもへっちゃら。現在はクローゼットの奥で、縁の下の力持ちのように活躍してくれています!

2018年 02月 15日

子ども

## 職場復帰するママへ

いよいよ新生活が始まりますね。久しぶりの仕事はドキドキすると思いますが、大丈夫です。きっと職場の人は温かく迎えてくれます。そして仕事の勘は、あっという間に取り戻せます。今までの赤ちゃんとの生活は、初めての連続だったから思い通りにいかないことが多かったけど、仕事での初めては新入社員のときに終わっているはず。復帰は案外スムーズです。

通勤時間は混んでるかもしれないけど、心は軽やかです。1人で行動することがこんなにも自由なんだと強く感じると思います。

仕事と家庭、うまく両立できるかな。と悩んでいませんか? きっと大丈夫。でも育児は手を抜けないから、家事の手抜きを覚えて下さい。

さぁ、今から家事の仕分けをしましょう。これは絶対しなきゃいけない家事と、これはしなくても大丈夫な家事を区別して、あえて「しない家事」を作るんです。例えば、洗濯機を回すことはしなきゃいけない家事、でも洗濯物を畳むことはしなくても大丈夫な家事。

料理も同じです。時短グッズや便利家電に頼る前に、皮をむかなくていい野菜や包丁を使わなくて済む食材を選んでみると、案外すぐにごはんの支度ができます。

家事に正解はないと思います。こうしなきゃいけないというがんじがらめな固定観念は一旦忘れてもらって、家族と自分さえよければいい、自分流の家事にアレンジすることができれば復帰後もとてもスムーズだと思います。

私も仕事に復帰をするとき、本気で迷っていました。でも今では、運命に身を任せてよかったと思っています。仕事っていいものだなと、心からそう思います。家族のために生きることも幸せなように、家族以外の誰かに求められることも幸せなんです。

# 14
# もりぐちたかよしさん
MORIGUCHI TAKAYOSHI

## シンプル&クリーンをテーマに、夫婦で子育て中です。

兵庫県在住。クリエイター。30代。約4年の構想の末、1年前に完成した「庭の家」という平屋で家族3人、暮らしています。初めての子育てに夫婦で絶賛奮闘、日々格闘中！暮らしの理想テーマは「Simple & Clean」。子どもがいて、忙しい毎日でも、シンプルですっきりした暮らしをしていくのが目標です。

Instagram user name
「moriguchied」
https://www.instagram.com/moriguchied/

家族構成
自分、妻、長男1歳

住まい
築1年の平屋、一戸建て

家事の工夫について
我が家では夫婦で「なんとなく」家事を分担し、先手を意識して行っています。また、その日の汚れを残さないよう、毎日リセットするようにしています（詳しくはP.101参照）。

2017年 06月 14日

子ども

### 父の肩で寝落ち

暑い日。地元のお祭りへ。帰宅後、父も子も上着を脱いでシャツ1枚で休憩。抱っこしていたら、珍しく僕の肩で寝落ちしたので、記念にパシャリ。来年のお祭りは、君は歩いているのかな？

2017年 06月 17日

部屋

## 子育て中のグリーン周り

撮影のために全員集合した、我が家のグリーン達。小さな子から大きな子まで、合わせるといつの間にか10を超えていた！

最近は天井にまで届きそうなくらい大きいエバーフレッシュも仲間入り。繁る葉っぱを見上げて、息子も楽しそう。

家に来られたお客様に、「小さな子どもがいて、観葉植物にイタズラされない？」と聞かれることが多々。少し前までは、息子は床に置いている大きな子の植木鉢の中のチップを取り出して遊んでいましたが、「それは遊ぶものじゃないんだよ」と根気強く教えることで、最近は全く遊ばなくなりました。

グリーンはなるべく息子の手の届かない場所に置いてあるので、倒されりしたことはありません。将来は、息子にも植物達の水やり当番をしてもらおうと企んでいます（笑）。

2017年 06月 18日

子ども

## 息子のハーフバースデー

息子が生まれてから、半年までに撮りためた写真の中から、お気に入りの物をチョイス。真っ白な壁に、ズラっと個展風に並べて、お祝いの飾り付けに。

あっという間の半年。大きくなったなぁ……と、作った本人が見入ってしまった。

2017年 07月 17日

子ども

## お部屋のパトロール

7カ月を迎えた息子。

最近はあとずさりでお部屋のパトロールをするのが日課。

ずり這いで前進しようとするのに、なぜか後ろへ、後ろへ……。焦らず、ゆっくり、君のペースで練習すればいいよ。

あとずさりしかできなかったことを懐かしく思う日が、あっという間にきちゃうんだから。

2017年 08月 18日

子ども

## アーコールでつかまり立ち

8カ月を迎えた息子。ずり這いで前進はできるようになってきたけど、まだちょっとぎこちない。

ハイハイはもう少し先かな……？　と思っていた矢先、器用につかまり立ちを披露した息子。

得意気な顔をしていたけど、自分で座れないことに気付き、我に返って泣いた。飛び級は、まだしなくていいよ(笑)。

## MINI COLUMN　毎日の時間割

| | |
|---|---|
| 6:00 | 起床 |
| 6:15 | 息子の朝食準備 |
| 6:30 | 夫婦の朝食 |
| 6:45 | 身支度開始 |
| 7:30 | 出勤 |
| 19:00 | 帰宅 |
| 19:15 | 夕食の準備 |
| 19:45 | 夕食開始 |
| 20:30 | 息子の入浴、寝かしつけ |
| 21:30 | キッチン、リビングのリセット（掃除）タイム |
| 22:00 | 入浴 |
| 24:00 | 浴室リセット(掃除) タイム、洗濯開始 |
| 24:30 | 洗濯物干し（浴室乾燥） |
| 25:00 | 就寝 |

2017年 09月 16日

子ども

## ハイチェアデビュー！

離乳食も安定してきたので、ハイチェアデビュー！
ストッケの「トリップトラップ」。一緒に食卓を囲めてうれしそう。

朝起きてキッチンに向かうと、先に起きていた君が笑ってお迎えしてくれた。

2017年 10月 10日

部屋

## 朝、うれしいこと

朝起きてきて、キッチンが片付いていると、「今日もがんばろう！」ってちょっと力が湧く。
ちょっと面倒な日もあるけど、前の夜にきちんとリセットしておく。

翌朝、気持ちよく一日を始められる。何でもない普通の食パンがおいしく感じる。好循環ってこういうことだ。

▶ 2017年 11月 29日

子ども

## 息子のおもちゃ事情

ラップの芯。プリンの空き容器……。

　本人は楽しそうに遊んでいるので、何とも思ってなかったけど、ふと気付けば息子のおもちゃ箱にはガラクタの山……。

　そういえば、ちゃんとしたおもちゃって買ってあげてなかったかも。

色々と悩んだ挙げ句、無難に積み木を。エド・インターの「音いっぱいつみき」。カラフルでかわいい色や模様。中に鈴などが入っているので、振るとカラカラ、チリンチリンと楽しい音が鳴って、ラトルとしても使える。

　とっても楽しそうに遊ぶ君を見て、僕も大満足。

▶ 2017年 12月 21日

子ども

## 1歳の誕生日

1歳になった日。じいじ、ばあばをお招きして盛大にお祝い。泣くかな、と心配だった一升餅。背負った息子は「なんだ、この重いものは」と呆然。

　声をかけたり、モノで誘ったり、なんとかハイハイしてもらおうとみんな必死（笑）。

やっとのことで選び取ったものは、「作家」「文豪」という願いを込めた「ペン」のカード。これから君は、君の人生をどんな風に書いていくんだろう。

　1歳おめでとう。これからも楽しみ。

## チビサンタの贈り物

クリスマスパーティ。サンタの衣装を着て、クリスマス仕様の特別な離乳食。ぱくぱくとあっという間に平らげ、とっても満足げな息子。チビサンタは沢山の笑顔をくれました。そしてその夜、チビサンタはすさまじい夜泣き。そんなに泣いたら、本物のサンタさん驚いて来なくなっちゃうよ……?

### MINI COLUMN 我が家の家事について

**●家事は夫婦で「なんとなく」分担**

自分と妻で家事・育児を分担していますが、ガッチリと分担してしまうと、かえって気疲れしてしまうことも。口に出さなくても、「僕がこれをするから、君はこれをしてくれる?」みたいな「なんとなく分担」が丁度いい感じ。夫婦2人ともが何をすべきなのかを理解していて、お互いがカバーし合い、家事育児を並行して行うことで時短できるよう工夫しています。

**●家事は先手、先手を打つほど「ラク」で「余裕」に**

例えば、息子の朝食の下準備は前夜のうちにしたり、リビングの掃除を前夜にしておいたり、翌朝のミッションを少なくすることで、「明日の朝、10分多く寝ていられる!」とか「ゆっくり朝食が食べられるな」とかという風に心に余裕が生まれています。

**●その日の汚れはその日のうちに、必ず「リセット」**

調理で汚れたキッチン。息子の食べこぼしで汚れたダイニング。息子のおもちゃでちらかったリビング。体の汚れを落とした浴室。その日のうちきれいにさっぱりとリセットすることで、気持ちもすっきりし、次の日を迎える準備ができます。

# 15
# KAORIさん

KAORI

# 家事はゆるりと、暮らしは思いっきり楽しむ。

3年ほど前、生まれも育ちも北海道の私達家族が、夫の仕事の都合で四国に転勤。現在3人の子どもと5人暮らしをしています。育児の合間に家具をDIYしたり、白とグレーに白木を合わせた空間作りをしたりして、居心地のよい家作りを目指しています。「家事はゆるりと、暮らしは思いっきり楽しむ」をモットーに。日々、子ども達の成長に合わせた、インテリアと暮らしの変化を楽しむようにしています。

Instagram user name
「r_jem_k」
https://www.instagram.com/r_jem_k/

家族構成

夫、自分、長男5歳、長女3歳、次女1歳

住まい

築7年の賃貸一戸建て

家事の工夫について

整理整頓です。無駄なものをなくし、すっきりと。子どもにもわかりやすい収納を目指しています。

2017年 03月 25日

部屋

## 朝は拭き掃除から

朝一のダイニングの様子です。きれいに食べることができず、まだまだこぼしてしまうお年頃……。テーブルの下の拭き掃除から朝の掃除が始まります。子どもとお花に囲まれて幸せな瞬間……。今に感謝……。

2017年 03月 27日

部屋

## ティピーをハンドメイド

友達から「ティピー、かんたんに作れる～」と聞いたので私もハンドメイド。
材料さえ集めれば、本当にかんたんでした。私は生地をカットせずに巻き付けただけ。
ブームが去るのが早い、子どもの遊び。これで十分かな……。

2017年 04月 04日

部屋

## おもちゃ収納を見直し

子どもの手の届くところにアイアンフックを移動。そこにニトリのバスケットを掛けて、おもちゃ収納を増やしました。
今年は収納の見直しに力を入れていきたいです。特にクローゼットと物置の中……。

2017年 05月 15日

部屋

## 子ども用デスクをDIY

ゴールデンウィーク中にやりたかったことのひとつ。お絵かきが好きな子どものために……リビングに子どものデスクをDIY。小学生になったら、ランドセル置き場やお洋服ラック、ベッドのヘッドボードにも。そーんなことを考えながら♡　未来を作るDIY。

2017年 05月 28日

部屋

## ベビーベッドに4歳児が……

※ベビーベッドのイレギュラーな使い方を推奨するものではありません。使用上の注意等をよく読んでお使いください。

あったらあったで邪魔だし、いざなくなると思うと寂しくなるベビーベッド。

長男の「ここで寝たい～」というひと言で、リビングから寝室に移動。

長さ120㎝のベッドに身長120㎝の4歳児。厳しくないか？　それでも、うれしそうに毎晩寝ています。

2017年 05月 31日

部屋

## ラダーが活躍中

DIYしたラダーを洗面所に移動。通常のタオルハンガーよりも低いところにタオルを掛けて、2歳児にぴったりの高さに。

浴室のスイッチ類はキッチンタオルで隠して……。上靴や小物など洗い物が増える週末には、S字フックに掛けて……。ラダーが大活躍です。

うまく力を抜くことができずに、疲れがたまっている今日この頃。力を抜いて、手を抜いて、息抜きを忘れず。育児の基本も見直し中です。

2017年 06月 26日

部屋

## 息子とDIY

やっと完成しましたー。息子と棚をDIY。初めてのインパクトドライバーに大喜び。やっぱり男の子なんだなーと感じました。

本や雑貨を置いて、大好きなコーナーのでき上がり。

### MINI COLUMN 毎日の時間割

| | |
|---|---|
| 6:30 | 起床 |
| 7:30 | 朝食 |
| 9:00 | 幼稚園の見送り |
| 10:00 | 掃除、洗濯終了 |
| 12:00 | 次女と昼食 |
| 13:00～14:30 | 次女お昼寝 |
| 15:00 | 長男、長女のお迎え |
| 17:00 | 夕食の支度 |
| 18:00 | 夕食 |
| 19:00 | お風呂 |
| 20:30 | 子どもの寝かしつけ |
| 21:00 | フリー |
| 25:00 | 就寝 |

2017年 07月 22日

部屋

## 私の日課

玄関。息子が帰ると、幼稚園リュックはシーグラスバスケットに。夫が帰ったら、スーツは一時的にここのハンガーに掛けます。それらを片付けるのが私の日課です。

夏休みが始まり、夫もしばらく連休。この日課をお休みして、楽しみにしていた家族旅行に行ってきま〜す。

2017年 08月 17日

部屋

## DIY熱が再燃しそう

気温は今日も36度。雪国で生まれ育った私には体が慣れず（とにかく眠い〜）、夏バテ気味です。

以前DIYしたローテーブル、圧迫感がなく、こうして子どものおもちゃ置き場となったり、観葉植物を置いたりと思った以上に大活躍しています。

しばらく落ち着いていたDIY熱が、また復活しそうな予感♡

### MINI COLUMN 子どもと暮らす部屋について

本を読むことを身近に感じてもらいたくて、絵本はすぐに手の届くテレビボードの中に。背の高い本は、DIYしたボックスに収納して、いつでも読めるようにしています。

リビングにあるDIYしたキッズデスクで、大好きなお絵かきができるように、子どもそれぞれに持ち手付きのファイルケースを用意し、ノートなどお気に入りの文具を入れています。

DIYしたキッズデスク。

2017年 10月 14日

部屋

## 我が家の衣類収納ルール

クリアケースの引き出しには、春夏秋冬の洋服3人分を収納しています。お洋服に合わせて引き出しを増やすのではなく、引き出しに合わせてお洋服を調整。

増やすなら断捨離。これが、我が家の収納ルールです。

2017年 12月 21日

部屋

## 文房具は子どもが使いやすく

文房具はほぼ無印良品。子ども達が毎日使うので、自分で取り出しやすく、片付けしやすいように。

「それぞれ、自分のお部屋があるんだよ」と伝えています。

そうはいってもね、定期的にチェックは欠かせないのね。

# 16

## きーちゃんさん

KIICHAN

家族との時間を最優先にして楽しんでいます。

大阪府在住の会社員。40歳。若い頃は「男は働いてナンボ」と思っていましたが、今は家族との時間が最優先です。仕事も早く帰れそうなときは迷わず帰ります！（笑）子どもが生まれて、子ども中心でものを考えるようになりました。ごはんを食べに行くにしても、子どもに優しいお店かどうか。旅行に行くにしても、行く先に子どもが楽しめるところがあるかどうか、などを考えるように。

Instagram user name
「remix0213」
https://www.instagram.com/remix0213/

家族構成
自分40歳、妻、長女9歳、次女5歳

住まい
3DKの古い団地です。

▶ 家事の工夫について

僕は学生時代に1人暮らしをしていたこともあってか、あまり家事は苦にならず、奥さんがするものとも捉えていません。なので、そのときそのときでやれることをやってます。あと、奥さんは手荒れがすごい人なので、洗い物は僕がやるようにはしてます。奥さんにはゆっくりお風呂に入ってもらいたいので、できるだけ子ども達のお風呂は僕が入れるようにしています。

▶ 2017年 04月 17日

子ども

### 天気のいい日は外で

昨日は天気がよかったので、外で朝食。この庭は自分で作ったから、天気のいい日は外で食べたくなる～。
アウトドアグッズはカラフルなんがいいかな～って思って買ってます。

2017年 04月 27日

部屋

## 洗面所をリメイク

「ディアウォール」と端材で「ザ・賃貸洗面所」をリメイク。↑できてるかな⁉
端材を組み合わせて貼ったんですけど、濃い茶色がしつこくないですか⁉ 洗面台の元穴を使って共締めしてるから、ボクにはこれが限界やなー。明るい、元気な感じが出てたらうれしいわっ。

2017年 04月 29日

家事

## 子ども達のついでに

子ども達の上靴を洗うのに、一緒に自分の靴も。
GUのスニーカーやけど、メッチャ優秀。「スタンスミス」とかじゃないけど、何か問題でも⁉（笑）

### MINI COLUMN 毎日の時間割

| | |
|---|---|
| 6:00 | 僕と妻が起床<br>（子ども達は7:00前には起きて、僕を見送ってくれます） |
| 6:10 | 朝食 |
| 7:00 | 出勤<br>（その後、奥さんと子ども達が朝食） |
| 7:40 | 上の子登校 |
| 8:20 | 下の子登園 |
| 9:30 | 奥さんが仕事へ<br>（上の子が下校する前に帰ってきてくれています。夕方以降は上の子の習い事や僕の帰ってくる時間によって日々異なりますが、ほぼ毎日夕食は家族そろって食べています） |
| 21:00 | 子ども達の寝かしつけ<br>（僕はかなりの確率で一緒に寝入ってしまってます（笑）） |

2017年 05月 11日

部屋

## ゴチャゴチャするのは嫌だけど

棚板を付けてみました。

ゴチャゴチャするんは嫌なんやけど、なんか付けたいっていう矛盾で揺れてる。

2017年 05月 25日

部屋

## 初めてのDIY

玄関を掃除しました。

一番最初にしたDIYは、パタパタ靴箱。完全自己流。木材を切ってビスで留めるだけのもんしか作ってないけど。裏とか見えないところは手抜きです。

2017年 06月 01日

部屋

## ちょい掛けに有孔ボード

玄関に入ってすぐの壁に、有孔ボードを付けました。子どものリュックや帽子、登園の送り迎えの際に着せるアウターなど、ちょっと掛けるには超便利。

2017年 06月 30日

部屋

## キッチンDIYが完成

使ってみたかった素材のひとつ、OSB合板でキッチン収納棚の扉を作りました。団地感がなくなってきたかな⁉ ひとまず、キッチン完成です。

2017年 08月 12日

部屋

## 勉強机をDIY

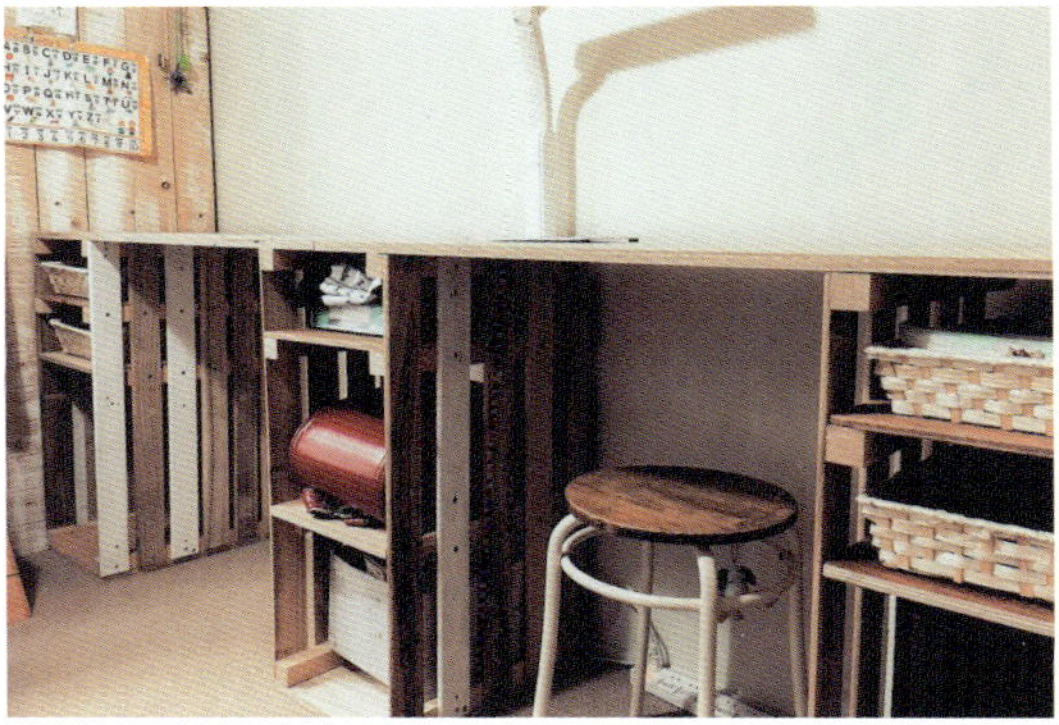

後輩が上の子の自由研究を手伝ってくれている間に、なんとか勉強机が完成。

買ったのは天板だけやから、1500円くらいでできたこの机の反対側にベッドがあるんやけど、その脇に絵本とかを並べる本棚を発注されたので、次はそれかな。

白いスノコは上の子のベビーガードとして使ってたヤツやから、もう9年もの。机のパーツとして蘇りました。

2017年 09月 15日

部屋

## 絵本立てが完成

子ども部屋のベッド横に「ディアウォール」で絵本立てを作りました。今週末にイケアに行く予定なので、飾り付けするもん買ってこよ。

結局、「ディアウォール」が一番安くて使いやすいと思う。今回は「ディアウォール」3つと木材3本、あとは野地板で塗装もしてないから5000円くらいでできてると思う。塗装に凝ると高くなるけど、野地板はちゃんと木目を選んで作ると、割と雰囲気が出ると思う。塗装もせんから部屋も暗くならんし。

### MINI COLUMN　自分時間の過ごし方

一日中、一週間毎日とはいえないですが、僕も奥さんもバスケットボールをしています。自分達のチームもあるんですが、たまにタイミングが合えば1人で違うチームに行かせてもらっています。

奥さんにも「どっか遊びに行っておいでよー」とは常から言ってはいるんですけど、なかなか行けてないですねー。奥さんの友達もみんなママになっているので、忙しくて時間が合わないみたいです。

なので、月に1回くらいはお互いの休みを合わせてショッピングに行ったりはしています。僕が子ども達と一緒に寝てしまうので、その後の時間が少しでも奥さんの1人の時間になってたらいいですね。

2018年 01月 10日

子ども

## 父からの誕生日プレゼントは……

下の子の誕生日。
僕からのプレゼントは「次の休みにプールに連れて行く」券でした。

かぁちゃんとねぇねからはプレゼントあるのに、僕からは物質的なプレゼントがないって怒ってたけどねー。

2018年 01月 26日

部屋

## 冷蔵庫上にDIY

うちの冷蔵庫は無印良品の小さいタイプです。上のスペースにこんなん作ってしまったので、

大きいほうには変えられへんなぁ……。

▶COLUMN みんなの子育てトーク

# お手伝いについて

いつから始めるか、何を手伝ってもらうか、悩ましいお手伝い。
みなさんのお手伝いルールを教えてもらいました。

### 優さん

ダイニングには家族4人のダイニングテーブルのほかに「子どもテーブル」を設けています。自分達でおはしセットを準備したり、食べた食器を下げたり……お手伝いというよりは自然に自分達で何でもやりたくなるような空間を作ってみました。

### おさよさんさん

料理はできそうなことや興味のあることを、時間があるときにお手伝いさせています。8歳の長男は、材料や手順を覚えている料理もあります。5歳の娘は掃除機をかけて、フローリングの水拭きワイパーをかけてくれたりしています。

### ユキミさん

モップで床を拭いてくれたり、ハンディ掃除機をかけたりしてくれます。まだ理由や場所を理解してくれていないので、ちょっと目を離すとソファがモップで拭かれています（笑）。

### シッポさん

やりたいことは基本的に危なくないように見守りながら好きにやらせています。できそうなことは、「あれやって?」「これやって?」と時間がかかっても、やらせてみます。1人でできると、とってもうれしそうです。

### がじゅまるさん

料理に興味があるようなので、野菜を切ったりお鍋の中を混ぜたり、本人がやりたがったときにやってもらっています。

### nikaさん

まだ4歳ですが、本人がしたい！と興味を示したときにやらせてあげるようにしています。大人がやったほうが早いですが……そこは気持ちを大きく持つように。お風呂掃除、洗濯物畳みなど。おままごとみたいに毎日楽しく参加してくれています。

### モチコさん

4歳の娘はお手伝いが好きなので、できることは声をかけて手伝ってもらいます。お手伝い嫌いになるよりは、今は遊びの延長で楽しめることを優先し、強制はしません。上手にできてもできなくても、とりあえず褒めます！　感謝の言葉を必ずかけています。

### こしいみほさん

今は私から頼むことはあまりなく、娘がやりたいと声をかけてきたらなるべく応じるようにしています。お手伝いは楽しいこと、家族の一員として普通のことだと思ってほしいので、「助かったよ」「ありがとう」などと声かけします。

### きーちゃんさん

僕がDIYをしているときは手伝いにくるので、かんたんな作業は手伝わせてます（っていっても僕のDIYはかんたんなのしかないですけど）。上の子は学校の制服を自分でアイロンがけしてます。最近は下の子も料理を手伝うようになってきました。

### きなこさん

息子は私たち親がすることに何でも興味津々。私が洗濯物を干そうとしているとすぐにそばに来て、次々に洗濯物を手渡してくれたりします。まるで修行のよう！　息子にとっては楽しい時間。褒めると、とてもうれしそうな顔をしてくれます。

### こつばんさん

これといったお手伝いはしてもらっていないのです……。食事の際はおはしを並べてもらったり、洗濯物を畳んでもらうことくらいです。

### YOKOI YOKOさん

3歳児ができる範囲で「楽しく」遊びながらお片付けしたり、とにかく私も遊び、楽しみながら。お手伝いしてくれたときには「ママすごく助かったよー！」と必ず言います。あ、旦那にも言うようにします（笑）。

▶COLUMN みんなの子育てトーク

# これからの暮らしについて

子どもの成長に合わせて変わっていく暮らしもあれば、変わらない部分もあります。今後の子どもとの暮らしについて聞きました。

### KAORIさん

我が家には男の子と女の子がいるので、それぞれのプライベート空間がある部屋作りをしていきたいと思っています。いつまでも、リビングにいたくなるような、そんなお部屋を目指しています。

### KAOさん

毎日家事や育児に追われていて、4人の子ども1人1人とゆっくり向き合う時間は限られてしまいます。家事にかける時間を少しでも短くし、その分子ども達と遊んだり話をしたり、子どもとの時間をたくさん作っていきたいです。

### kikiさん

子ども達の成長に合わせて部屋作りをしていきたいです。子ども部屋も、子ども達が「こういう部屋にしてほしい！」と言ってくれたら、DIYで叶えてあげたいです。

### きーちゃんさん

中学生になると部活に入ったりして一緒に過ごす時間が少なくなると思うので、今のうちにできるだけ楽しい時間を過ごしておきたいと思ってます。

### やまぎし みゆきさん

子どものいる生活と、自分のやりたいこと（趣味）の両立を目指したいです。我慢する育児ではなく、楽しさを家族で共有できる、笑顔の絶えない家庭を作りたいです。

### Yuさん

時間を効率よく使って、子ども達といろんなことを一緒にしたい。一緒に過ごすひと時を大切にしたい。あとは、子ども達のとっておきの瞬間を、忘れないよう写真に収めていきたいです。

### YOKOI YOKOさん

今はリビングの小上がりを自分の家事スペースにしていますが、もう少し子どもが大きくなったら親子で使えるリビング学習コーナーとして収納なども工夫したいです。何でも親子で楽しめるおうち作りを目指しています。

### ユキミさん

家事が好きなので、息子と一緒に楽しみながら家の仕事ができたらうれしいです！　いつかは一緒に台所に立ちたいなぁ。

### 中山あいこさん

子どもを信頼したいし、信頼してもらいたい。息子は思春期といわれる年頃、娘はイヤイヤ期といわれる年頃。お互いに思いが通じないこともあるけど、楽しい時間を少しでも多く一緒に過ごせたらいいなって思います。

### もりぐち たかよしさん

親も子もともにまだ1才。これからどんな風な子に育ってくれるか、どんな家庭になっていくか本当に想像もつきません。今、築いているシンプルな暮らし方を「基本」として、楽しく暮らしていければいいなと思います。

### 河合絵理さん

4月に次女が小学校入学、長男が幼稚園入園と生活ががらりと変わります。未就園児のいない生活は8年と少しぶり。わたしにできることにプラスして、少し時間もできるのでランニングやテニスをする時間もとりたいと思っています。

### マキさん

子どもが小学校に上がる前に、暮らしのなかで教えておきたいことがたくさんあります。お勉強ができる子じゃなくて、生きていく力がある子に育てたいです。

# 17
# モチコさん

MOCHICO

## 家族みんなが笑って過ごせたらOK。

Instagram user name
「mochicodiary」
https://www.instagram.com/mochicodiary/

「かぞくばか〜子育て4コマ絵日記」
https://ameblo.jp/musume-nichijo/

家族構成
夫、自分、長女4歳、長男1歳

住まい
築24年の一戸建て

▶ 家事の工夫について

朝、家族が寝ている間にごはん作りは9割終わらせる。娘が遊びを変えるときに、前の遊びのおもちゃを一緒に片付けて、ちらかし過ぎを防止。

▶ 自分時間について

朝、家族が起きる前が自分時間。朝ごはんは食べたいものを作ってゆっくり食べています！　子育て4コマやイラストを描くのもこの時間が多いです。

30代の関西人主婦です。多少ずぼらでも、家族みんなが笑って過ごせたらOK！　をモットーに生きています。私だけじゃなく、家族や遊びに来た友人まで、パッと見たらしまう場所がわかる収納……にしたいところですが、毎日バタバタと過ごし、整理整頓まで手が回らないのが現状です。まぁ多少わかりにくくても今は生活できているからよし！　としています。

2017年 07月 03日

子ども

## 夏の夜の恐怖体験

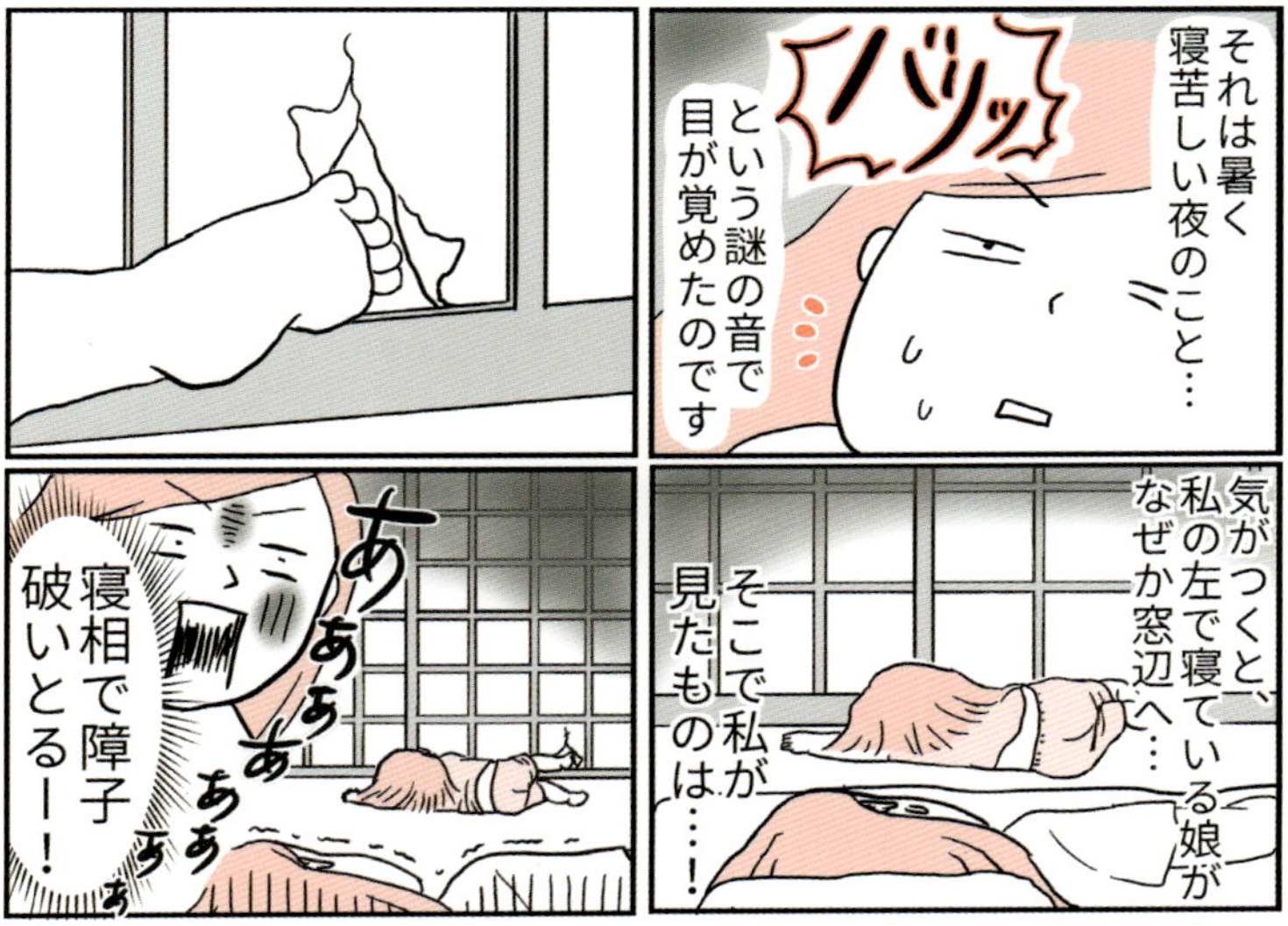


1枚は破れない紙に貼り替えたのですが、破れるほうに突っ込みました。

2017年 07月 20日

子ども

## お手伝いはありがたいけど……

お母さん遠慮してるわけちゃうで?

2017年 11月 22日

子ども

## 家事をするためには……

イチコが幼稚園の間に発動するトラップ。

2017年 12月 15日

子ども

## 何でも1秒で

そんなん言うたら、お母さんやってごはん1秒で作れるわ。

▶ 2018年 01月 09日

子ども

## いつのまにか赤ちゃん卒業？

消えていく赤子特有のアホかわ。

▶ 2018年 01月 29日

子ども

## 前はお母さんが一番だったのに

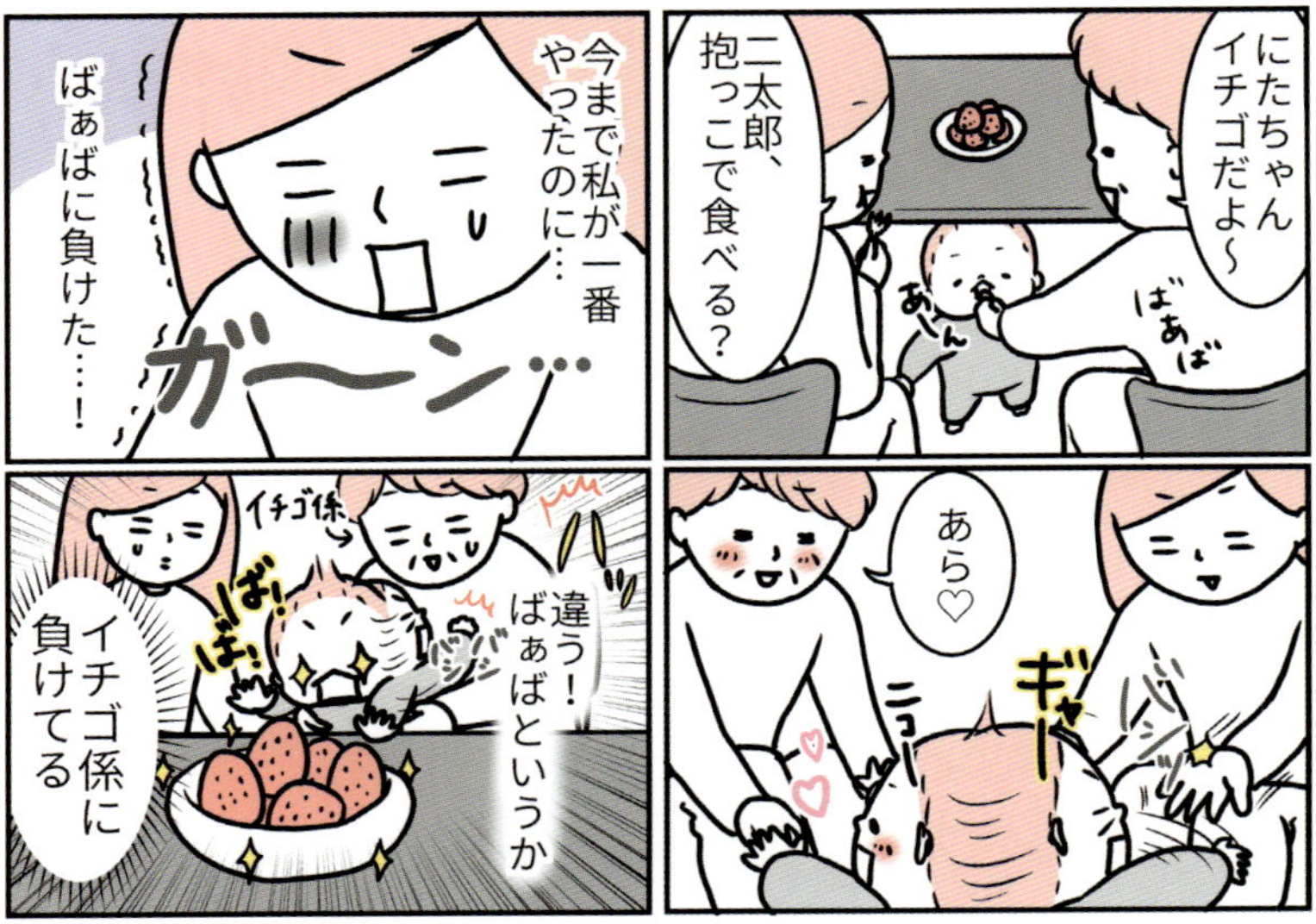


知らん人＜知ってる人＜＜＜お母さん＜イチゴくれる人。

# 18
# こしいみほさん

MIHO KOSHII

家族が
そこそこ快適に
暮らせるように。

Instagram user name
「miho20141124」
https://www.instagram.com/miho20141124/

家族構成
夫の両親、夫、自分、長女3歳、長男0歳

住まい
築16年の部分共用型二世帯住宅

▶ 家事の工夫について

面倒なことはまとめて済ませる、いつやるか／どうやるかをいちいち悩まないようにルールを決める、を意識しています。ルール通りにできなくても「まぁいっか！」と開きなおることがストレスをためない秘訣です。

▶ 自分時間について

寝かしつけが終わった後や子どもが夫や祖父母と遊んでいる間に、まずたまっている家事を片付けます。それが終わったら自分の時間。育児絵日記を描いてインスタグラムに投稿したり、録画したドラマを見たりして過ごします。

時短で働く関東在住の30代（現在育休中）。出産を機に夫の両親と同居。品数が多い食卓やこまめに掃除された暮らしに憧れて真似てみたものの、長続きせず自己嫌悪に陥るばかりでした。家族がそこそこ快適に生活できれば合格！と割り切ってからは、イライラせず家事に取り組めるようになりました。頼れる夫や義両親のおかげで仕事・家事・育児を両立できています。

2017年 07月 09日

子ども

## みんなでねんね

いびきの真似が
男前でキュン。

2017年 07月 22日

子ども

## 思わず涙

何度確認しても、落ち着いた口調で「ママは好きじゃない」と言われ、こんなことは初めてでマジでへこんだ5分間。

2017年 08月 06日

子ども

## 約束したのにごめんね

絵本読んで一緒にねんねしようねと娘に話していたら、息子がほぎゃほぎゃと泣き出して授乳タイムに。邪魔することなく1人静かに絵本を読んだりゴロゴロして待ってくれてたけど、片手間に背中トントンしてあげてたら寝ちゃった。

2017年 08月 28日

子ども

## 娘は優しさでできている

授乳が終わるまで1人で遊んだりアニメを見たりして待って、「終わった？」って聞いてから私を遊びに誘う娘、すごくないですか？ 優しくないですか？

▶ 2017年 11月 18日

子ども

## 子ども達の笑顔

息子が笑って娘が笑い、それを見た大人達も笑顔になる。スマイル0円でお腹いっぱいの幸せ。

▶ 2017年 12月 12日

子ども

## 子どもの優しさ

私が風邪で寝ていたら、別室でおばあちゃん達と夕食を食べていた娘が、ママが元気になるようにと自分のご飯を持ってきてくれた。いつもおかずより先にご飯を食べきっちゃうくらい好きなのに……なんて優しいんだろう。

# 19
# こつばんさん

KOTSUBAN

## 子どもとの暮らしをイラストに込めて。

Instagram user name
「kotsu_ban」
https://www.instagram.com/kotsu_ban/

家族構成
夫、自分、娘5歳

住まい
2LDKの賃貸マンション

▶ 子どもと一緒の時間
日中はどうしてもバタバタしてしまうので、お風呂に入っているときや寝る前の布団の中での時間などに一日を振り返り、ゆったりおしゃべりする時間が一番楽しく幸せです。

▶ 自分時間について
娘が寝た後は、ラジオを聞きながら絵の仕事をしたり、趣味のもの作り（手芸や粘土など）をしています。

北海道札幌市在住。30代の主婦兼イラストレーターです。娘が幼稚園に行っている午前中に大体の家事を済ませ、娘が寝た後の21時過ぎからが自分時間。仕事や趣味のもの作りに没頭して、気が付いたら深夜になることも。早起きすると娘も起きてしまうのでぎりぎりまで一緒に寝ています（笑）。時間の使い方や家事全般（特に掃除や収納、お部屋作り）模索中です！

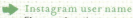

2017年 11月 10日

子ども

## 驚きのひと言

「しんせつですね」って言われたときにはズコーとなりました(笑)。

2017年 11月 21日

子ども

## 抱っこの言い訳

歩きなさいと言いつつ……寒いときには抱っこさせてもらってます。

▶ 2017年 12月 31日

子ども

## 抱っこの必要性

2017年、抱っこで締めくくります（笑）。

▶ 2018年 01月 04日

子ども

## 天才エステティシャン⁉

愛のメッセージ付きフェイシャルエステ受けました……（笑）。

▶ 2018年 01月 12日

子ども

## 久しぶりのいとこ

やっと実家に帰ってきました。

▶ 2018年 01月 22日

子ども

## 2人で抱っこ

我が家ではこれを「はんぶんだっこ」と言うようになりました。

# 20
# ユキミさん

YUKIMI

子どもとくっついている時間が楽しくて幸せ。

➡ Instagram user name
「yukita_1110」
https://www.instagram.com/yukita_1110/

➡ 「これが現実！密着育児24時☆」
https://yuki--ta.biz/

関東出身、関西在住。2歳の息子と夫と3人暮らし。毎日成長ノンストップな息子に産後から振り回されっぱなしの新米母さんです。

家族構成
夫、私（ユキミ）、息子2歳

住まい
築5年の一戸建て

▶ 家事の工夫について
一日の時間割を決めてやるようにしています。毎日決まった時間に同じことをすると、子どももリズムができて、その時間は待っていてくれることが増えました。

▶ 自分時間について
本っっ当に欲しいのですが、平日は息子が寝た時間のみになっています。時々余裕がなくなってしまうことも。心に余裕を持つのが、今の自分の改善点でもあります!!

2017年 06月 01日

子ども

## わずか55分の滞在

入場10分にて「あっこ（抱っこ）」を要求される→だましだまし粘って場内をぐるぐる回ること数十分→息子が向かったのは出口……→55分の滞在でした。

2017年 09月 05日

子ども

## 息子から出る「シー」音

「シーしようね」と言っても……まったくマナーモードになってくれない……。

2017年 10月 16日

子ども

## 拾っても拾っても

気付いてないところがたまらない。

2017年 11月 01日

子ども

## 息子の優しさ

不覚にも1歳児の前で涙を流す30歳児。

▶ 2017年 11月 15日

子ども

## 落ちたパンすら……

息子を取り巻く全てのものが愛おしい。

▶ 2017年 12月 04日

子ども

## 息子の寝言

息子が2歳になってからの1週間。産後初めて1週間続けて3時間の睡眠がとれたー?　と歓喜していたのもつかの間。最近の寝言「あっぴー、あっぴーさん」「もうー!　じかんじかん??」「だぁっこぉぉぉ」。

# 21
# がじゅまるさん

GAJUMARU

## 娘とのやりとりを楽しんでいます。

Instagram user name
「gaju__maru」
https://www.instagram.com/gaju__maru/

「がじゅろぐ」
https://gajulog.biz/

埼玉県在住の20代兼業主婦。子育て中のエピソードを絵日記にしています。定期的に自分の中に訪れる断捨離ブームでさまざまなものを処分してきましたが、いまだに乱雑な収納から脱出できていません。夫も娘も参加しやすい収納計画を模索中。

家族構成
夫、自分、娘3歳、猫

住まい
築1年の一戸建て

▶ 家事の工夫について
仕事から帰って包丁を持つのが億劫なので、野菜などはまとめて切って保存もしくは冷凍。後々の自分にラクさせてあげるために、余裕のあるときにやってしまいます。

▶ 自分時間について
娘を保育園に送ってから出勤までの時間を家事と自分の自由時間にしています。絵を描く時間を確保するため、夕飯の下ごしらえや掃除を一心不乱にこなします。

2017年 02月 08日

子ども

## 当たり前じゃねえからな

たかがひと言。
されどひと言。

2017年 03月 29日

子ども

## 春です

最近暖かくなってきて出かけやすくなったからか、毎週ぎっちり予定がうまります。

2017年 08月 22日

子ども

## 俺のを使いな

時々現れるダンディズム。ときめきが止まりません。

2017年 09月 16日

子ども

## 忘れてるの？

ちなみに「プリキュア」のグミだと思っていたのはスナック菓子でした。

2017年 12月 04日

子ども

## 娘の迷言

先日、保育園の発表会でした。お遊戯はがんばっていたけど、ほかの出番はほぼ棒立ちでした。

2018年 01月 19日

子ども

## 私の癒やし

顔と背中からの癒やし。猫アレルギー治ってきてうれしい。

# 22
## やまぎしみゆきさん

YAMAGISHI MIYUKI

母が笑顔なら、
家族が笑顔になる
がモットー。

関東在住の30代。フリーランスのグラフィックデザイナーとして活動中。ありきたりだけど、「笑顔の絶えない家庭」が最大の目標。「母が笑顔なら、家族が笑顔になる」をモットーに、大変なことを楽しみながら育児に奮闘しています。あと、産後ダイエットにも奮闘中。こちらは効果なしです。

Instagram user name
「yukiyama_27」
https://www.instagram.com/yukiyama_27/

家族構成
夫、自分、長女1歳、犬

住まい
1LDKマンション

▶家事の工夫について
その日の家事はその日のうちに片付け、後回しにしないよう心掛けています。

▶自分時間について
毎日寝かしつけが終わってから夫が帰るまでの時間が自由時間です。インスタグラムに投稿する漫画を描いたり、コーヒーを飲みながら本を読んだりして過ごしています。

▶ 2017年 06月 09日 子ども

## 笑顔の向こう

心から穏やかにならないと眠らないのは何故……。

▶ 2017年 06月 23日 子ども

## 答えはない①

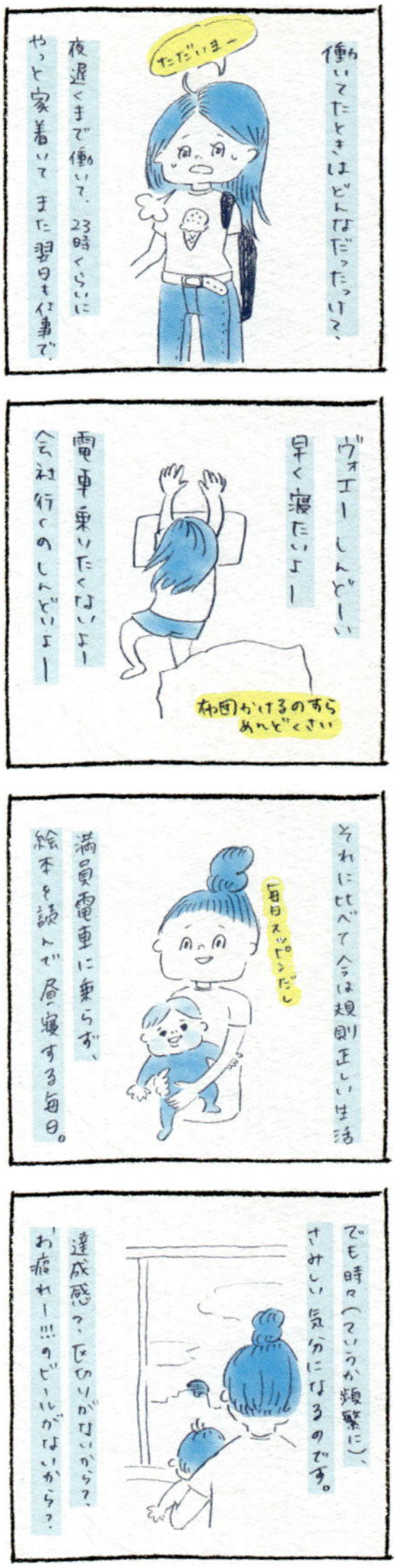


モヤモヤしていることを、何回かに分けて描く割には答えもオチもない……まいっか！

▶ 2017年 06月 26日

子ども

## 答えはない②

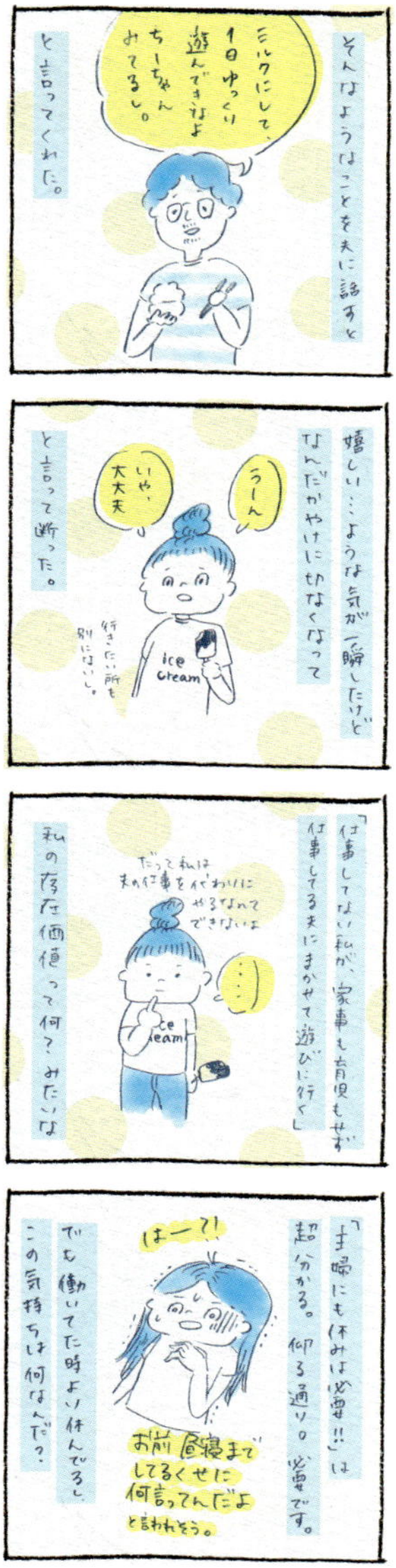


まだ答えは出てないけど、続きます。

▶ 2017年 06月 27日

子ども

## 答えはない③

このまま答えは出るのか……？　描けば描くほど混乱してきました。

▶ 2017年 12月 25日 子ども

## イブのプレゼント

クリスマスイブ、ちーちゃんが初めて立っち。思いがけないクリスマスプレゼントに感動しました。

▶ 2017年 06月 28日 子ども

## 答えはない④

同じように悩んでいるママさんがたくさんいて、自分だけじゃないことに本当に励まされました。

オンラインメディア
「みんなの暮らし日記 ONLINE」
やってます！

『みんなの朝食日記』『みんなの家しごと日記』『みんなの持たない暮らし日記』『みんなのお弁当暮らし日記』……大人気シリーズ「みんなの日記」が、ウェブサイトになりました！

家事、暮らしを大切に、きちんと丁寧に、そしてシンプルに楽しみたい人を応援したい！というコンセプトで料理や掃除・片付けなどの家事上手で話題の、人気インスタグラマー、ブロガーさんによる記事を多数掲載。

毎日の家事を楽に楽しくする実用的な情報に、モチベーションがアップする、ちょっとした共感ストーリーをプラスしてお届けしています。

ぜひご覧ください！

翔泳社　みんなの暮らし日記ONLINE編集部

スマホでも！

➡ https://minna-no-kurashi.jp/

みんなの暮らし日記ONLINE　検索

PCでも！

※本書に記載された情報は、各著者のブログ、Instagram掲載時点のものです。情報、URL等は予告なく変更される場合があります。
※本書の出版にあたっては正確な記述につとめましたが、著者や出版社などのいずれも、本書の内容に対してなんらかの保証をするものではありません。
※本書に記載されている会社名、製品名はそれぞれ各社の商標および登録商標です。


| | |
|---|---|
| 装丁デザイン | 米倉 英弘（細山田デザイン事務所） |
| DTP制作 | 杉江 耕平 |
| 編集 | 山田 文恵 |


# みんなの子どものいる暮らし日記

## がんばりすぎない家事と、家時間のすごし方。


2018年4月4日　初版第1刷発行

| | |
|---|---|
| 編者 | みんなの日記編集部 |
| 発行人 | 佐々木 幹夫 |
| 発行所 | 株式会社 翔泳社（http://www.shoeisha.co.jp） |
| 印刷・製本 | 日経印刷 株式会社 |



本書へのお問い合わせについては、2ページに記載の内容をお読みください。
●落丁・乱丁はお取り替えいたします。03-5362-3705までご連絡ください。


ISBN 978-4-7981-5569-2　Printed in Japan